여자에게 남자의 성공을 말하다

남자를 최고로 만드는
서세스 테크닉

여자에게
남자의 성공을
말하다

최보경 지음

현명한 여자가
성공한 남자를 만듭니다.

결혼한 여성이라면 누구나 자신의 결혼생활이 행복하기를 바란다. 그들은 원만한 결혼생활을 위해 어떤 수고와 노력도 아끼지 않는다. 여성들의 사회 진출이 활발해지고 지위가 향상되면서 결혼생활에 쏟는 시간과 노력이 줄어들고 있는 경향이 있지만 여전히 행복한 가정을 만드는 데 있어 아내의 역할은 크다.

가정의 행복은 가장의 성공과 직결된다. 아내의 존재도 중요하지만 한 집안의 가장인 남편의 능력이 얼마나 발휘되느냐에 따라 한 가정의 모습이 달라진다. 그런데 가장의 성공에 결정적인 영향을 미치는 것이 바로 '아내'이다.

'남자는 여자 하기 나름'이라는 말도 있듯 현명한 아내는 남편을 성공으로 이끈다.

남편에게 적극적으로 협조하는 아내가 남편을 성공시키고 결혼생활도 원만하게 잘 유지해 나간다. 또한 몇 가지 원칙만 제대로 활용해도 누구나 현명한 아내가 될 수 있다.

이 책은 누구나 쉽게 이해하고 실천할 수 있도록 쓰여 있으며, 독자에게 깊은 공감을 줄 수 있는 다양한 에피소드가 실려 있다.

이 글을 읽는 독자 중에는 '결혼생활을 원만하게 이끌어 가는 책임을 일방적으로 아내에게만 지우려는 것이 아닐까' 하고 의심하는 사람이 있을지도 모른다. 물론 남편도 똑같은 책임을 지고 있다. 단지 이 책에서는 아내에게 문제를 국한시켰을 뿐이다. 다시 말해, 아내들이 한 가정을 원만하게 꾸려 나가는 협조자의 구실을 잘하고, 남편이 성공을 향해 나아가는 것을 도와주려면 어떻게 하는 것이 좋을까에 대해서만 다루었다는 이야기이다.

여기에서 말하는 '성공'에 대해 약간의 설명이 필요하다. 이것은 유명인사가 되고 거부巨富가 되는 거창한 성공만은 의미하지 않는다. 현재 자기가 맡고 있는 일에 만족하고, 자신의 반려자인 아내, 자식들과 함께 즐겁고 원만한 생활을 하고 있는 이들은 일단 '성공한 사람'으로 본다.

물론 남자를 성공시키는 '석세스 테크닉'이 모든 경우에 적용된다고 단언할 수는 없다. 가령 주정뱅이이거나 부랑자이거나 지능이 떨어지는 경우에는 이 법칙을 적용해도 큰 효과를 얻을 수 없다. 어느 정도의 재능과 희망을 기대할 수 있는 일반적인 사람들이어야 그 효과를 기대할 수 있다.

단번에 막대한 재산을 축적하거나 단기간에 성공을 거두기란 쉽지 않은 일이다. 또 단계가 올라갈수록 성공으로 가는 길은 험난해지는 법이다.

현명한 아내는 자신의 남편이 지니고 있는 재능을 최대한 발휘할 수 있도록 만든다. 그들은 낮은 지위에 있거나 사업에 고전을 면치 못하는 남편들을 옭아매는 장애 요소를 간단한 원리를 이용하여 효과적으로 제거한다. 그런 면에서 '석세스 테크닉'을 다룬 이 책은 내 남자의 성공을 바라지만 어떻게 해야 할지 모르는 세상의 모든 여자들에게 많은 도움이 될 것이라고 확신한다.

차례

제1장

남자를 성공시키는 기본원칙

제2장

남자의 기를 살려주는 테크닉

제3장

남자의 꿈을 이루게 하는 코치법

제4장
가정을 행복하게 하는 기술

남자를
성공시키는
기본원칙

올바른 목표를 정하도록 도와서
같은 방향으로 함께 걸어가 주세요.

목표가 없는 사람은 결코 성공할 수 없다. 막연히 사태가 호전되기를 기대하고 마음 내키는 대로 직장을 옮기며 결혼하는, 말 그대로 허송세월을 보내는 이들이 어떻게 성공할 수 있겠는가. 한 가지 뚜렷한 소망이 없다면 '그냥 살아가는 것'에 지나지 않는다.

직업상담소를 운영하는 한 소장의 말에 따르면, 직업에 대한 불만을 품고 있는 사람들이 공통적으로 안고 있는 가장 큰 문제점은 자기 자신이 무엇을 희망하고 있는지조차 모른다는 점이다. 그들에게는 인생에 있어 성취하고자 하는 목적이 없다. 그래서 좋은 환경 속에서도 직업에 대해, 삶에 대해 만족하지 못하는 것이다.

인생을 살아가는 데 있어 목표가 얼마나 중요한 역할을 하는

지는 수많은 예를 통해 알 수 있다. 그 중 휘트니라는 남자의 일화는 그 좋은 예라고 할 수 있다.

미국 매사추세츠 주의 가난한 농부의 아들로 태어난 그는 큰 회사의 사장이 되겠다는 꿈을 품고 뉴욕으로 갔다. 그가 처음 구한 일자리는 식료품 연쇄점의 점원이었는데, 본디 성실한 성격인 그는 자신의 일뿐만 아니라 다른 부서의 일도 도와주곤 했다. 그렇다고 그가 도와준 일에 대한 대가를 바란 것은 아니었다. 그는 순수한 마음으로 동료들을 도왔을 뿐이다. 그는 이내 성실성을 인정받아 좋은 자리로 옮겨가게 되었다.

그는 점원에서 세일즈맨, 부장 등으로 승진을 거듭하여 급기야 중역의 자리에까지 오르게 되었다. 그러나 그가 편하게 승진을 했던 것은 아니다. 그 자리에 앉기까지 실의와 좌절에 빠진 적이 한두 번이 아니었다. 사장 자리가 비자마자 전임 사장의 친척이 후임으로 앉는 경우도 있었으며, 입사한 순서대로 승진을 시키는 바람에 자신의 능력을 제대로 인정받지 못한 적도 있었다. 하지만 그는 시련 속에서도 결코 목표한 바를 잊은 적이 없었다. 그리고 소기의 목표를 달성하자 이에 그치지 않고 자신이 직접 블루문치즈회사를 설립하였다.

뉴욕 변두리의 허름한 하숙집에 살던 시절, 친구에게 "언젠가 큰 회사의 사장이 될 거야."라고 장담하던 그는 확고하게 자신의 목표를 정하고 그것을 실현시키기 위해 최선을 다함으로써 자신의 꿈을 이루어 낸 것이다.

이처럼 자신이 나아갈 길, 즉 자신의 목표를 잘 알고 이것을 향해 매진하는 태도는 성공을 하는 데 있어 결정적인 역할을 한다. 따라서 남편의 성공을 바란다면 그가 인생에서 무엇을 성취하고자 하는가를 분명히 인지하도록 만들어야 한다. 그런데 여기서 잊지 말아야 할 것은 남편이 목표를 갖도록 만드는 것에만 그쳐서는 안 된다. 남편과 함께 목표를 실현할 수 있도록 조력을 아끼지 말아야 한다.

석유회사를 운영하는 윌리엄 그레이엄 부부의 일화는 부부가 공통된 목표를 갖는 것 즉, 아내의 협조가 남편의 성공에 얼마나 많은 영향을 미치는지 잘 보여 주는 적당한 예라 할 수 있다.

윌리엄 그레이엄과 그이 아내 마조리는 결혼 후 반드시 성공하겠다는 원대한 계획을 가지고 있었다. 그런데 이들에게는 목표를 달성하기 위해서 어떤 어려움도 극복하고 말겠다는 강한 의욕과 굳은 결심 외에는 가진 게 아무것도 없었다. 하지만 이들은 이에 연연하지 않고 친구의 사무실 한 귀퉁이를 빌려 부동산매매업을 시작했다. 윌리엄은 고객을 찾아 열심히 발로 뛰었고, 그의 아내는 사무를 보며 남편을 물심양면으로 도왔다.

하루 세끼 먹기도 어려운 형편이었지만 이들은 실망하지 않고 최선을 다했다.

열심히 일을 한 결과 이들 부부는 작은 집 한 채를 구입할 수 있게 되었고, 이것을 되팔아 새집을 지어 많은 수익을 올렸다. 그러나 윌리엄은 이에 만족하지 않고 새로운 분야로 진출하려고 마음을 먹었다. 그의 아내 역시 현재의 안정된 생활에 만족하지 않고 남편을 독려하며 적극적으로 도왔다.

그녀는 남편과 머리를 맞대고 새로운 사업을 구상했다. 그리고 여러 차례 회의 끝에 그들은 석유사업이 자신들이 찾던 새로운 분야라는 결론을 얻었다. 이렇게 해서 이들 부부는 '윌리엄그레이엄석유회사'를 창설했고 지금은 미국에서 그들 회사의 이름을 모르는 사람이 없다.

언젠가 윌리엄 그레이엄은 성공의 최대 비결이 무엇이냐는 질문에 서슴없이 "성공하겠다는 목표와 아내의 협조 덕분이다."라고 말했다고 한다.

이처럼 남편의 성공과 행복한 가정을 만드는 데 있어 아내의 역할은 매우 중요하다. ≪결혼 안내≫라는 책의 공동 저자인 크링크 부부는 "행복한 결혼생활의 근본적인 조건은 부부가 공통된 목표를 갖는 것이며, 반려자로서의 의식을 가지고 목표를 달성하기 위해 최선의 노력을 기울이는 것이다."라고 말했다.

어떤 사람도 겨냥을 하지 않고는 과녁을 맞힐 수 없다. 설령 자신이 원하는 지점에 도달하지 못한다 할지라도 겨냥을 하고 쏘는 것이 눈을 감고 쏘는 것보다 목표점에 더 근접할 수 있다. 때문에 남편이 성공하기를 원한다면 우선 남편에게 성취하고자 하는 인생의 목적을 세우도록 도와야 한다. 그리고 그 계획에 참여하여 함께 걸어가야 한다.

'사랑한다는 것은 상대방과 마주하는 것이 아니라 상대방과 같은 방향을 바라보는 것이다.'라는 말이 있다. 행복한 결혼생활과 성공을 꿈꾸는 부부에게 이보다 더 좋은 충고의 말은 없을 것이다.

다시 한 번 강조하지만 남편이 성공하기를 바란다면 남편이 올바른 목표를 정할 수 있도록 협력하고 같은 방향을 향해 함께 걸어가야 한다.

 석세스 테크닉 01

남편이 성공하기를 원한다면 우선 남편이 성취하고자 하는 인생의 목적을 세우도록 도와라. 그리고 그 계획에 참여하여 함께 걸어가도록 하라.

공통된 목표를 세워
그것을 달성하기 위해 최선을 다하세요.

　　　　　　　　　　사람들은 대개 성공을 꿈꾸며, 자신의 목표를 달
성하기 위해 시간과 에너지를 아끼지 않는다. 그런데 자신의
꿈을 향해 치열하게 달리던 사람도 소기의 목적을 달성하면 넘
치던 열정이 시들해진다. '드디어 내 꿈을 이뤘어.' '성공을 할
만큼 난 열심히 살았어.' 하고 현실에 만족하여 안주하고 만다.
　하지만 고인 물은 썩기 마련이듯 목적을 달성했다 하더라도
자신을 변화시키려는 노력을 게을리 하면 이내 낙오되고 만다.
따라서 뚜렷한 목표를 갖는 것도 중요하지만 끊임없이 새로운
목표를 세워 긴장의 끈을 놓지 않는 것도 중요하다.
　인간은 본능적으로 변화에 대한 거부감을 가지고 있다. 물론
몇몇 사람들은 도전과 모험을 좋아하기도 하지만 대부분의 사
람들은 안정적이고 평온한 삶을 꿈꾼다. 자신의 꿈을 이루고

생활이 안정되면 현실에 만족하고 세월에 몸을 맡긴 채 어정쩡하게 살아간다. 그러나 후회하지 않는 삶, 진정한 성공을 이루고자 한다면 소기의 목표 달성에 만족한 채 현실에 안주해서는 안 된다. 이는 결혼생활에서도 마찬가지이다. 남편이 한 가지 목표를 달성했다는 것에 만족하고 앞으로 나아가려는 노력을 기울이지 않는다면 당신이 원하는 바를 얻을 수 없다. 남편이 당신이 원하는 모습으로 성공하기를 바란다면, 한 가지 목표를 달성했을 때 곧 새로운 목표를 세울 수 있도록 협력해야 한다.

테레사라는 여성은 이를 잘 실천하여 남편을 성공시킨 장본인이다. 그녀의 남편 닉 알렉산더는 고아원 출신으로 정규 교육을 받지 못했다. 그는 고아원에서 아침 다섯 시부터 해가 질 때까지 일을 해야 했고 경제적으로도 배울 만한 형편이 되지 못했기 때문이다. 그러나 총명한 그는 혼자 공부하여 열네 살 때 고등학교 졸업 자격을 얻었다. 그리고 자신의 힘으로 살아가기 위해 사회로 뛰어들었다.

처음에 그는 한 양복점의 재봉사로 일하게 되었다. 그런데 이 일은 노동시간에 비해 보수가 형편없이 적었다. 하지만 그는 14년 동안 묵묵히 일을 했고 그 동안 보수도 오르고 일하는 시간도 단축되었다.

그러던 중 그는 테레사라는 여성과 결혼을 하게 되었다. 남편의 잠재능력을 높이 샀던 그녀는 대학에 다니고 싶어 하는 그의 꿈을 실현시키는 데 협력을 아끼지 않았다. 그러나 그것은 결코 만만한 일이 아니었다. 두 사람이 결혼한 지 얼마 되지 않아 그가 근무하던 가게가 문을 닫았기 때문이다. 하지만 이들은 결코 낙담하지 않았으며 모든 재산을 긁어모아 부동산회사를 설립하여 꿈을 이루기 위해 더욱 최선을 다했다. 테레사는 이를 위해 약혼반지까지 팔았다.

그들의 사업은 순조롭게 잘 되어 2년째 되던 해 어느 정도 경제적으로 안정을 찾게 되었다. 그러자 테레사는 사업은 자신이 운영할 테니 남편에게 미루었던 대학교육을 받으라고 권했다. 아내의 독려에 힘을 얻은 그는 36세에 학위를 받게 되었다. 아내의 도움으로 그가 그토록 바라던 꿈을 달성한 것이다.

그는 대학을 졸업한 후 다시 본업으로 돌아왔다. 그러자 테레사는 그에게 바닷가에 아담한 집을 짓자고 제안을 했다. 그는 아내의 말을 기꺼이 받아들이고 집을 짓기 위한 돈을 마련하기 위해 더욱 열심히 일을 했다. 그 결과 그들은 목표를 무난히 달성했다. 이후에도 테레사는 그에게 끊임없이 새로운 목표를 제공함으로써 그를 한 단계씩 업그레이드시켰다.

이처럼 테레사는 한 가지 목표를 달성하는 것에 만족하지 않고 남편에게 항상 새로운 목표를 세워 줌으로써 더 큰 성공과 풍요로운 삶을 누릴 수 있도록 도와주었다.

　행복한 결혼생활을 영위하고 남편의 성공을 바란다면 남편과 협력하여 목표를 정하라. 그것은 아주 사소한 것이라도 좋다. 중요한 것은 부부가 공통된 목표를 가지고 그것을 달성하기 위해 최선의 노력을 기울이는 것이다. 부부가 한 몸이 되어 어떤 목적을 이루기 위해 협력할 때 성공적인 가정, 성공적인 부부를 만들 수 있다.

 석세스 테크닉 02

한 가지 목표를 달성하면 곧 새로운 목표를 세워 남편을 독려하고 협력하라. 그러면 남편을 더 크게 성공시킬 수 있을 것이다.

열정이야말로 목적을 달성하는데
최고의 조건임을 깨닫게 해주세요.

성공한 사람과 실패한 사람의 능력과 지식, 재능은 얼마나 차이가 날까? 단순하게 생각했을 때 큰 격차가 날 것 같지만 실제로는 별 차이가 나지 않는다. 물론 선천적으로 재능을 타고난 사람은 예외이지만 성공한 사람과 실패한 사람은 크게 다르지 않다.

그렇다면 비슷한 조건에서 왜 어떤 이는 성공을 하고 어떤 이는 실패를 하는 것일까? ≪나는 어떻게 보험 세일즈에 성공했는가≫의 저자로 유명한 프랭크 베트거의 일화는 이에 대한 명쾌한 해답을 준다

원래 직업 야구선수였던 그는 어느 날 팀 매니저로부터 충격적인 말을 듣게 되었다. 매니저는 그의 게으름과 무성의함을 지적하며 야구를 그만두는 게 좋겠다는 얘기를 했다. 또한 어

떤 일을 하든지 지금처럼 자기 일에 열성을 다하지 않으면 낙오되고 말 것이라며 따끔한 충고를 했다.

순식간에 직업을 잃은 그는 어렵게 펜실베이니아의 체스터 팀에 들어갔다. 그런데 그의 월급은 겨우 25달러밖에 되지 않았다. 그는 뼈아픈 지난 일을 기억하며 가급적 운동에 열중하려고 했다. 그렇지만 마음처럼 잘 되지 않았다.

그러던 중 고참 선수인 다니미한이 그를 뉴잉글랜드 리그의 커네티컷 뉴헤븐 팀에 소개해 주었다. 그 팀에 들어간 그는 열성적인 선수가 되었다. 그 팀에는 자신의 과거에 대해 아는 사람이 전혀 없었기 때문이다.

그는 어떤 선수보다 열심히 훈련했으며 매 경기마다 몸을 사리지 않고 최선을 다했다. 그 결과 그는 사람들에게 '팀의 분위기를 주도하고 성공을 이끄는 훌륭한 선수'라는 찬사를 듣게 되었다. 또한 25달러에서 자그마치 7배나 증가하여 175달러의 월급을 받게 되었다. 그리고 2년 뒤, 그는 미국 세인트루이스 카디널스의 3루수가 되었고 수입도 30배로 늘어났다.

도대체 무엇이 그를 성공하게 만들었을까? 그것은 바로 일에 대한 열정 덕분이었다. 야구를 하는 데 열의와 성의를 다했기 때문에 그는 성공을 거둘 수 있었다. 그가 경기 중 부상으로 야구선수 생활을 그만두고 아무 연관이 없는 보험 세일즈맨으로 성공을 거둘 수 있었던 것도 바로 다른 사람과 다른 일에 대한 열정 때문이었다.

부상으로 야구선수 생활을 단념하고 파이드리티생명보험회사에 입사한 그는 일 년 동안 실패만을 거듭했다. 하지만 그는 좌절하지 않고 야구선수 때처럼 일에 열중했다. 그 결과 그는 생명보험 업계에서 신화적인 성공을 거두었다.

그는 초빙을 받아 강연을 할 때마다 사람들에게 이렇게 강조한다.

"일에 대한 열정이야말로 성공의 최대 요인이다."

어떤 일이든 열정만 있다면 자신보다 능력 있는 사람을 충분히 능가할 수 있다. 여기서 일에 열중한다는 것은 '흙을 파는 일이든 회사를 운영하는 일이든 자신의 직업을 천직으로 여기고 그것을 사랑하는 것'을 의미한다.

미국의 사상가 에머슨은 이렇게 말했다.

"어떤 위대한 일도 열정 없이는 성공한 예가 없다."

일에 열중하는 사람은 그것이 아무리 어렵고 시간과 노력을 필요로 하는 일일지라도 언제나 자신감에 차 있다. '뿌린 만큼 거둔다'는 진리를 잘 알고 있기 때문이다. 누구라도 이 진리를 마음에 새겨 넣는다면 분명 자신이 원하는 목적을 달성할 수 있다. 실제로 예술가이든 세일즈맨이든 한 분야에서 성공한 사람들을 살펴보면 한결같이 일에 대한 열정이 남달랐다.

물론 이러한 법칙이 적용되지 않는 경우도 있다. 가령 음악적인 재능이 전혀 없는 사람은 아무리 노력하고 열중해도 모차르트처럼 선천적으로 재능을 타고난 음악가가 될 수 없다. 그러나 이러한 특수한 재능을 필요로 하는 일을 제외한, 실현 가능한 목표라면 자기 일에 열중하는 사람은 자신이 원하는 바를 반드시 이룰 수 있다.

자신의 일에 열중하는 것이 성공을 이루는 데 큰 도움이 되는 것은 다음과 같은 효과가 나타나기 때문이다.

1) 일에 대한 열정은 마음속의 공포심을 몰아내어 자신이 생각하고 있던 것 이상의 능력을 발휘하게 만든다.

2) 일에 대한 열정은 다른 사람에게까지 영향을 미쳐 선의의 경쟁자를 만든다.

3) 일에 몰입을 하게 되면 항상 최상의 컨디션을 유지할 수가 있다.

이처럼 일에 몰입하는 사람은 어떤 힘으로도 제어할 수 없는 놀라운 능력을 발휘하게 된다. 따라서 남편이 성공하기를 바란다면 '자신이 하는 일에 열과 성의를 다하는 사람은 어떤 일에도 성공할 수 있다'는 점을 이해시키고 일에 열중할 수 있도록 만들어야 한다. '그런다고 뭐가 달라지겠어?'라고 의심스러워하겠지만 실천해 보라. 열정이야말로 목적을 달성하고자 하는 사람에게 없어서는 안 될 필수 조건이라는 사실을 깨닫게 될 것이다.

 석세스 테크닉 03

오늘부터 당장 그가 일에 열중할 수 있도록 의욕을 불어넣어라. 남편에게 일에 열중하는 자세가 어떤 가치를 지니는지 이해시킨다면 원하는 목표를 달성할 수 있을 것이다.

*자연스럽게 일에 열중할 수 있는
방법을 습득해 보세요.*

　　　　　　　'천재도 노력하는 사람은 이길 수 없다'라는 말이
있다. 열성적으로 일하는 사람은 자신도 상상하지 못한 기적적
인 결과를 불러온다. 열정은 잠재해 있는 무한한 능력을 끌어
내기 때문이다. 즉, 성공을 하는 데 있어 자신의 일에 대한 열
정은 매우 중요하다. 하지만 자신을 기계 속의 부품에 지나지
않는다고 생각하던 사람에게 갑자기 일에 대한 열정을 가지라
고 독려하는 것은 억지스럽다. 자연스럽게 일에 몰입할 수 있
도록 만들어야 한다. 그렇다면 자연스럽게 일에 열중할 수 있
는 방법에는 무엇이 있을까?

1) 자신의 업무에 대하여 가능한 한 많은 공부를 한다.
많은 사람들이 자신을 회사의 소모품에 지나지 않는다고 여

기는데, 자신이 담당하고 있는 일의 의미를 모르거나 자기가 회사에 어떤 공헌을 하는지 이해하지 못하기 때문에 생기는 현상이다.

가령 두 남자가 같은 일을 하고 있다고 하자. 그런데 한 남자가 그들에게 무슨 일을 하고 있느냐고 물었다. 한 남자는 "벽돌을 쌓고 있다."라고 대답했고, 다른 남자는 "집을 짓고 있다."라고 말했다. 같은 일을 하고 있음에도 두 남자의 대답이 판이하게 다른 것은 자신이 하고 있는 일에 대한 의미, 자신이 전체에 얼마만큼 기여하는지에 대한 이해의 차이에서 비롯된다. 즉, "집을 짓고 있다."라고 대답한 남자는 자신이 하고 있는 일의 의미를 잘 알고 있는 사람이고 다른 남자는 그렇지 못한 사람이다.

자신의 업무에 대하여 잘 안다는 것은 그 일에 열중할 수 있는 근원적인 힘을 얻는 것이다. 예를 들어 세일즈맨이 판매 실적을 올리려면 그 제품에 대해 잘 알아야 하듯 자신의 업무에 몰입하려면 일에 대한 이해가 뒷받침되어야 한다. 그러므로 당신의 남편이 일에 몰입하지 못한다면 업무에 대해 제대로 이해하고 있는지 살펴보고 만약 이해하지 못하고 있다면 업무에 대하여 가능한 한 많은 공부를 하도록 도와야 한다. 어떤 일이든 많이 알면 알수록 그 일에 대한 열성이 높아지는 법이다.

2) 실현 가능한 목표를 명확하게 정하고 끝까지 추구한다.

성공을 하려면 자신이 이루고자 하는 바를 명확하게 알아야 하며 결실을 얻을 때까지 포기하지 않아야 한다. 그러나 허무맹랑한 목표는 아무리 노력해도 달성할 수 없다. 따라서 목표는 실현 가능한 것이어야 한다. 실제로 영국의 시인 새뮤얼 콜리지는 막연하고 실현 가능성이 없는 목표를 정하여 어떤 결실도 맺지 못한 대표적인 사람이다.

다재다능했던 그는 평생을 실현 불가능한 꿈의 세계에서 살면서 여러 분야에 관심을 보였다. 그 결과 대부분의 시와 논문들이 미완성인 경우가 많다.

당신의 남편이 일에 집중하지 못하는 것은 명확한 목표가 없어서인지도 모른다. 그러므로 남편에게 어떤 목표가 있는지 잘 알아보고 만약 그것이 허무맹랑한 것이라면 실현 가능성이 있는 목표를 세우도록 도와야 한다. 그리고 목표를 달성할 수 있을 때까지 조력자 역할을 게을리 해서는 안 된다.

3) 날마다 자신을 격려한다.

우습게 들리겠지만 스스로 자신을 격려하면 일에 대한 열정이 솟는다. 사람들에게 널리 알려진 유명 인사들의 성공담을 보면 그들은 매일 자신을 격려하며 일에 대한 열정을 불태웠다. 미국의 뉴스 해설가인 칼덴보는 과거 세일즈맨을 할 때 매일 아침마다 집을 나서기 전에 자신에게 용기를 불어넣었다고 한다. 유명 마술사였던 하워드서스틴 역시 무대에 서기 전에 "나는 구경꾼을 좋아한다. 나는 구경꾼들을 좋아한다."라고 외치면서 몸이 뜨거워질 때까지 화장실을 돌아다녔다고 한다. 자신을 격려하는 방법은 일에 대해 열과 성의를 갖게 만드는 데 매우 효과적이다.

4) 다른 사람을 돕는 습관을 기른다.

다른 사람을 돕게 되면 자신의 일에 열중할 수 있을 뿐 아니라 남의 일에도 열중할 수 있게 된다. 자신의 이익만 추구하게 되면 일시적으로는 일이 잘 풀릴지 모르나 나중에는 쓰디쓴 패배를 맛보게 된다.

5) 일에 열성적인 사람들과 교제하도록 한다.

아내는 남편이 하고 있는 일이나 환경을 변화시킬 수는 없지만 남편에게 좋은 영향을 미칠 수 있는 사람을 찾아 줄 수는 있다. 따라서 당신의 남편이 일에 열중하기를 바란다면 그의 생활을 주의 깊게 살피고 사리 판단이 분명하고 어떤 일에든 진취적이고 긍정적인 사람들의 영향을 받을 수 있도록 도와야 한다. 그런 부류의 사람들을 찾아내어 그들을 남편의 친구로 만들어 준다면 남편의 능력을 계발하고 변화시키는 데 큰 도움이 될 것이다.

6) 일에 열중하고 있는 것처럼 행동한다.

마치 그 감정을 느끼는 것처럼 행동을 하면 실제 그렇게 된다. 가령 행복한 듯 행동을 하면 행복해지고, 자신 있게 행동을 하면 자신감이 생긴다. 즉, 일에 열중하고 싶을 때 일에 몰입하고 있는 것처럼 행동하면 일에 전력투구할 수 있다. 이 점을 남편에게 조언해 준다면 일에 열중하는 데 효과를 볼 수 있을 것이다.

석세스 테크닉 04

❶ 자신의 업무에 대하여 가능한 한 많은 공부를 한다.
❷ 실현 가능한 목표를 명확히 정하고 그것을 끝까지 추구한다.
❸ 날마다 자신을 격려한다.
❹ 다른 사람을 돕는 습관을 기른다.
❺ 일에 열성적인 사람들과 교제하도록 한다.
❻ 일에 열중하고 있는 것처럼 행동한다.

아내의 격려 한 마디가
남편에게 새로운 인생관을 갖게 합니다.

인간은 누구나 '되고 싶은' 모습이 있다. 용기가 없는 사람은 대담해지기를 바라고, 인덕이 없는 이는 상대에게 호감을 주는 사람이길 바란다. 남편 역시 마찬가지이다. 그래서 현명한 아내는 남편이 원하는 사람이 되도록 도움을 아끼지 않는다.

대부분의 아내들은 남편이 하루빨리 성공해 주기를 지나치게 재촉하는 경향이 있다. 이들은 남편에게 새 자동차를 사고 싶다든가, 비싼 옷을 입고 싶다든가, 친구보다 더 잘살고 싶다든가 등등의 요구를 집요하게 한다. 그런데 이러한 행동은 남편의 성공을 방해하는 큰 장애가 된다.

생각해 보라. 하루가 멀다 하고 성공하기를 재촉하고 요구만 하는 아내를 둔 남편이 열심히 일할 마음이 나겠는가. 따라서 남편이 하루빨리 성공하기를 바란다면 무작정 재촉해서는 안된다. 남편을 고무시켜 의욕적으로 만들어야 한다.

그러면 어떻게 해야 남편을 의욕적으로 만들 수 있을까? 남편을 칭찬하고 그의 가치를 인정해 주면 된다.

가령 사업을 하는 한 남자가 있다고 하자. 경기 불황으로 사업이 잘 안 되자 그는 깊은 시름에 빠졌다. 그런데 이를 지켜보던 아내가 이렇게 말했다.

"여보, 당신 기억나세요? 몇 년 전 회사가 어려웠을 때, 당신이 이 은행 저 은행 뛰어다닌 덕분에 위기를 모면한 적이 있었잖아요. 그런 일은 상당한 용기 없이는 아무나 할 수 없는 일이에요."

아내가 이런 얘기를 하는데 용기가 생기지 않을 남편이 있을까. 아무리 겁이 많은 남자라도 용기가 있다는 것을 보여 주기 위해 최선을 다할 것이다. 그뿐만 아니라 자기 스스로 '어쩌면 내가 생각하는 것 이상으로 많은 능력을 가지고 있을지도 모른다'고 생각할 수도 있다.

아내의 따뜻한 격려의 말 한마디에 남편이 전혀 새로운 인생관을 갖게 되는 경우는 수없이 많다. 스톤이라는 남자도 마찬가지였다.

그는 세계 제2차대전에 참전하여 다리에 심한 부상을 당했다. 그로 인해 그는 약간 다리를 절게 되었지만 크게 신경 쓰지 않았다. 그런데 어느 날 그의 마음에 상처를 주는 사건이 일어났다.

그는 아내와 함께 해수욕장으로 휴가를 떠났다. 한참 동안 바다 속에서 수영을 하던 그는 모래사장으로 나와 일광욕을 즐겼다. 그런데 얼마 후, 그는 주위 사람들이 자신을 흘금흘금 곁눈질하고 있다는 사실을 깨달았다.

그때까지 자기가 절름발이라는 사실에 크게 신경 쓰지 않았던 그에게 이것은 큰 충격이 아닐 수 없었다. 그는 비로소 자기의 발이 남들의 시선을 끌 만큼 비정상적이라는 것을 뼈저리게 느꼈다.

그 다음 일요일이 되자 그의 아내는 다시 그에게 해수욕장에 가자고 했다. 그는 자신을 흘끔거리며 쳐다보던 사람들이 떠올라 집에서 조용히 쉬고 싶다며 거절했다. 그러나 아내의 말 한마디에 그는 기쁜 마음으로 해수욕장에 가기로 마음을 먹었다. 그의 아내가 한 말은 이렇다.

"당신이 왜 해수욕장에 가기 싫어하는지 잘 알고 있어요. 다리의 상처가 신경 쓰이는 거지요? 여보, 당신의 상처 입은 다리는 당신이 얼마나 용기 있는 사람인지 나타내 주는 증거예요. 인류를 위해 위대한 행동을 한 결과 얻은 영예로운 상처라구요. 그런 영광을 굳이 숨기려고 할 필요가 없잖아요? 그 상처가 왜 생겼는지 잊지 않는다면 당신은 언제든지 다른 사람들 앞에 당당하게 설 수 있을 거예요."

자신의 가치를 인정하고 존중해 주는 아내로 인해 그는 자신의 열등감을 완전히 씻어 낸 것이다.

남편이 성공하기를 바란다면 남편을 칭찬하고 그의 진가를 인정해 주어야 한다. 가령 남편의 양복이 낡았다 하더라도 '어쩌면 그렇게 멋있느냐'는 식으로 칭찬해 주고, 남편이 저지른 실수에 대해서는 일체 언급하지 말아야 한다.

이렇듯 남편에게 의젓하고 훌륭한 사람이라고 되풀이해서 말해 주면 남편은 자신감이 생겨 자신의 능력을 최대한 발휘하게 된다.

또한 남편을 존경하며 칭찬하고 격려하면 남편의 장점은 계속 계발되기 때문에 약점과 단점은 자연스럽게 고쳐지게 된다. 따라서 남편을 있는 그대로 인정하고 격려해 주는 것이 중요하다.

세상에는 아주 사소한 것으로 말미암아 심한 좌절을 하는가 하면 실패를 딛고 기적적으로 성공하는 예가 수없이 많다. 그러므로 남편이 성공하기를 바란다면 용기를 북돋을 수 있는 말로 그를 고무시켜야 한다. 굳은 신뢰와 존경을 담은 아내의 말

한마디는 남편의 의욕을 불러일으키는 세상에서 가장 효과적인 방법이다.

 석세스 테크닉 05

남편이 하루빨리 성공하기를 바란다면 남편을 칭찬하라. 당신은 의 젓하고 훌륭한 사람이라고 되풀이해서 말해 주면 남편은 자신감이 생겨 자신의 능력을 최대한 발휘하게 된다.

바람직한 부부가 되기 위한 8가지 방법

1. 아무리 가깝게 느껴지더라도 기본 예의는 지킨다.

2. 자녀 문제에 관해서는 아무리 사소한 일이라도 꼭 부부가 함께 의논한다.

3. 평생을 함께 즐길 수 있는 여가생활을 찾아본다.

4. 부부 동반 모임에서는 항상 배우자의 입장을 먼저 고려한다.

5. 남들 앞에서 상대방에 대한 험담을 하지 않는다.

6. 타인과 배우자를 비교하는 말을 절대 하지 않는다.

7. 상대방의 잘못을 직접적으로 비난하지 않는다.

8. 자신이 원하는 바는 정확히 전달하되, 일방적 요구는 삼간다.

제2장

남자의 거를 살려주는 테크닉

현명한 여자는 상대의 이야기를
흘려듣지 않습니다.

말을 잘 하는 만큼 잘 경청하는 것도 중요하다. 다른 사람의 말을 무시하고 들으려고 노력하지 않는 사람은 상대방에게 신뢰감을 심어 주지 못한다. 부부 사이도 마찬가지이다. 남편의 말에 귀를 기울이지 않는 아내는 평생 함께 할 반려자로서 남편에게 위안이 되지 못한다. 예를 들어 다음과 같은 장면을 상상해 보자.

흥분한 얼굴로 직장에서 돌아온 한 남자가 아내에게 중역회의에서 자신이 작성한 보고서가 채택되었다고 말했다. 그러자 아내는 "그래요? 그것 참 잘 됐군요."라고 건성으로 대답하고는 "왜 아직도 에어컨을 고치지 않았느냐?"며 잔소리를 늘어놓기 시작했다. 하지만 남자는 기분이 매우 좋은 상태였기 때문에 아내의 잔소리에 개의치 않고 다시 회사에서 있었던 일을 자랑했다. 그러나 이번에도 역시 아내는 남편의 말에 귀를 기울이기는커녕 아이들의 공부에 신경 쓰지 않는 그를 나무랐다. 과연 이런 아내가 남편에게 위안이 될 수 있을까?

물론 위와 같이 아내가 남편의 이야기를 건성으로 듣고 자신의 문제만을 이야기하는 것이 그릇됐다고 단언할 수는 없다. 남편도 아내의 말에 귀를 기울여야 할 의무가 있다. 다만 잘못된 점이 있다면 그녀가 자신의 생각을 말할 시기를 적절하게 선택하지 못했다는 것이다. 남편이 신이 나서 얘기를 할 때 귀를 기울여 준 후 나중에 자신의 불만을 이야기했다면 상대에게 큰 만족과 위안을 주었을 뿐만 아니라 자신의 요구 또한 설득력을 얻었을 것이다.

직장생활을 해 본 경험이 있는 아내라면 좋은 일이든 나쁜 일이든 자신의 이야기를 들어 주는 사람이 있다는 것이 얼마나 큰 위안이 되는지 잘 알고 있다. 회사에서는 자신의 개인적인 느낌을 이야기하는 것이 쉽지 않기 때문이다. 직장 동료들 또한 다른 사람의 고민을 귀담아듣지 않는다. 나름대로 자신만의 문제를 안고 있는 그들은 남의 일에 관심을 가질 만한 여유가 없다. 즉, 울적한 마음을 안고 집에 돌아온 남편이 아내를 통해 그 기분을 털어 버리고 싶어 하는 것은 어쩌면 당연한 일인지도 모른다.

아내로서 할 수 있는 가장 큰 내조는 도움이 못 되더라고 남편이 다른 사람에게는 차마 입 밖에 내지 못하는 걱정거리를 잘 들어 주는 것이다. 그것만으로도 남편은 한결 마음이 가벼워짐을 느낀다. 빌 존스라는 남성의 이야기는 아내가 남편의 이야기를 들어 주는 것이 얼마나 큰 위안과 용기를 주는지 잘 보여 준다.

건실한 사업체를 운영하던 그는 지나친 사세 확장으로 그만 부도를 내고 말았다. '끝'이라는 절망감과 하루가 멀다 하고 찾아오는 채권자의 괴롭힘은 그를 벼랑 끝으로 내몰았다.

그는 자신이 처한 상황을 아내에게 털어놓을 수 없었다. 그의 성공을 자랑스럽게 여기는 아내에게 차마 고백할 용기가 나지 않았을 뿐 아니라 아내는 자신의 고통을 함께 나눌 수 있는 상대가 되지 못한다고 생각했기 때문이다. 자신의 처지를 고백하면 오히려 아내를 절망하게 만들고 그 사실이 더욱 괴롭게 할 것이라고 여겼다.

결국 자신의 처지를 비관한 그는 5층 건물의 옥상에서 뛰어내려 자살을 기도하고 만다. 그러나 1층 창문에 걸어 놓은 차일이 완충 작용을 하여 엄지손가락만 다쳤을 뿐 기적적으로 살아났다.

의식을 회복한 그는 자신이 살아 있다는 사실에 감사함을 느껐다. 얼마 전까지 있었던 모든 일을 솔직히 털어놓았다. 순간 그녀는 충격을 받고 당황한 듯했다. 그러나 그녀가 충격을 받은 것은 남편이 그와 같은 사정을 미리 털어놓지 않았다는 사실 때문이었다.

그녀는 그와 함께 어떻게 난국을 헤쳐 나갈 것인지 고민하기 시작했다. 자신의 고백에 좌절할 것이라고 예상했던 그는 아내의 태도에 큰 위안과 용기를 얻은 것은 물론 마음의 안정을 찾아 현실을 이성적이고 명확하게 바라볼 수 있는 능력을 되찾게 되었다. 그 결과 얼마 후 그는 거의 모든 빚을 청산하고 재기에 성공을 했다.

만약 빌 존스의 아내가 그의 고백을 듣고 비난을 하고 자신의 처지를 한탄했다면 어떻게 됐을까? 삶의 희망을 되찾은 그는 다시 좌절에 빠지고 말았을 것이다.

평생 함께 할 동반자이면서도 놀랍게도 많은 남편들이 아내에게 자신의 고민을 털어놓지 못한다. 이런 부류의 남성들은 아내를 맛있는 음식이나 멋진 옷을 사 주는 존재로밖에 여기지 않는다. 물론 남편들이 편협함에서 비롯된 시고일 수 있으나 남편의 말을 잘 들으려고 노력하지 않는 아내의 영향도 크다.

얘기하고 싶은 것을 참아야 하는 일은 매우 힘들다. 그러나 잔소리를 늘어놓는 것은 남편의 이야기를 들은 후에 해도 늦지 않다. 현명한 아내는 남편의 이야기를 흘려 듣지 않는다. 그들은 약간의 배려심을 발휘하여 남편에게 만족과 위안을 줌으로써 신뢰감을 얻는다.

　남편에게 위안을 주고 당신을 신뢰하기를 원한다면 상대의 얘기를 잘 들어라. 잔소리를 늘어놓으면 잠시 마음은 시원할 수 있으나 자신에게나 남편에게나 별 도움이 되지 않는다.

 **석세스 테크닉 06**

아내로서 할 수 있는 가장 큰 내조는 남편의 걱정거리를 잘 들어주는 것이다. 이 작은 배려가 남편에게 큰 위안과 용기를 줄 수 있다.

자신의 기준으로 판단하지 말고
즐거운 대화법을 터득하세요.

'교양인은 아무것도 모르는 사람이 어떤 것에 대해 잘 알 고 있는 것처럼 이야기할 때 흥미를 가지고 잘 들어 주는 사람이다.'라는 말이 있다. 실제로 현명한 아내들은 대개 이런 성품을 가지고 있다.

그러나 사람들은 본능적으로 듣는 것보다 말하는 것을 더 좋아한다. 더구나 '하고 싶은 말은 꼭 해야 하는' 사람은 두말 할 나위도 없다. 이런 부류의 여자라면 갑자기 남편의 말을 잘 경청하는 사람이 되기란 만만치 않다.

그렇다면 어떻게 해야 상대의 말을 잘 경청할 수 있을까? 다음에 제시하는 네 가지 방법을 잘 새겨서 명심한다면 남편의 말을 잘 들어 주는 동시에 남편에게 신뢰감을 심어 줄 수 있을 것이다.

1) 불편한 심기를 드러내지 말라.

남편의 얘기가 전혀 흥미롭지 않고 공감이 가지 않을 때가 있다. 이런 경우 듣는 사람은 집중력이 떨어질 수밖에 없다. 그러나 불편한 심기를 드러내서는 안 된다. 가령 연신 주위를 두리번거린다거나 의자의 손잡이를 만지작거린다거나 몸을 옆으로 꼬게 되면 남편은 더 이상 이야기를 진전시키려 하지 않는다. 그러므로 설사 남편의 이야기가 지루하고 공감이 가지 않더라도 표정 관리를 잘 해야 한다.

2) 남편의 답변을 끌어내는 질문을 하라.

상대의 대답을 유도해 내는 질문은 말을 잘 경청하고자 하는 사람이라면 반드시 갖추어야 할 테크닉이다. 이 방법은 상대가 말이 없거나 잔소리를 싫어하는 사람일 경우 효과적이다. 가령 상대가 마케팅 분야에 종사하고 있다면 "모험이긴 하지만 광고를 좀 더 적극적으로 하는 게 매출을 올리는 데 효과적이지 않을까요?"라는 식으로 상대가 잘 알고 있는 분야에 대해 완곡하게 질문을 하게 되면 굳게 닫혀 있던 상대의 입을 열 수 있다. 인간이란 자신의 머릿속에 있는 의견을 말할 때 훨씬 열성적인 태도를 취하기 때문이다.

상대의 답변을 끌어내는 질문은 하나의 의견이 꼬리에 꼬리를 무는 효과를 가져와 무거운 분위기를 없앨 수도 있고, 첫 대면에서 생기는 어색한 침묵을 해소시킬 수도 있다. 단, 여기서 주의해야 할 점은 단도직입적인 질문은 피해야 한다는 것이다. 상대에게 강한 자극을 주는 질문은 자칫하면 기분을 상하게 할 수도 있기 때문이다.

3) 신뢰를 저버리는 행동을 해서는 안 된다.

남편이 아내에게 회사나 사업에 관한 이야기를 하지 않으려고 하는 이유 중 하나가 아내가 주위 사람들에게 그 이야기를 주책없이 발설할까봐 걱정해서이다. 즉, 자신이 아내에게 무심코 한 말이 엉뚱한 결과를 초래할 수도 있다는 점을 염려하는 것이다.

가령 아내가 회사 야유회나 모임에 참석하여 "○○○씨가 물러나면 우리 남편이 지배인 자리에 올라가게 된답니다."라고 무심코 한 말이 다음날 남편의 경쟁자 아내의 귀까지 흘러 들어가 당사자도 모르는 사이에 적수가 늘어나게 되는 상황이 벌어질까 두려워하는 것이다.

상대의 말을 잘 듣는다는 것은 그에 대한 비밀을 지키는 일까지 포함된다. 상대가 은밀히 한 이야기에 대한 비밀을 지키지 않는다면 당신을 신뢰하지 않게 되어 결국에는 아무리 사소한 문제라도 당신과는 절대 상의하거나 조언을 구하지 않는 결과를 초래하게 된다.

4) 상대의 실수를 언쟁의 수단으로 삼지 않는다.

감정적으로 대립이 생길 경우 상대가 범한 실수를 들먹이는 사람들이 있다. 예를 들어 비싼 옷을 구입한 아내에게 남편이 잔소리를 하면 이에 질세라 "저만 낭비벽이 있는 것은 아니잖아요? 당신도 덤핑 물건을 잘못 사서 손해를 본 적이 있잖아요?"라는 식으로 반박을 하는 것이다.

그런데 이러한 태도는 남편에게 큰 실망과 후회를 안겨 주게 되며, 남편으로 하여금 아내에게 두 번 다시는 어떠한 문제도 상의를 하거나 털어놓지 않겠다는 결심을 하게 만든다. 그러므로 아무리 갈등이 심해지더라도 상대의 실수를 언쟁의 수단으로 삼는 것은 삼가야 한다. 경청을 잘 하는 사람은 상대의 실수를 언급하여 대화의 물꼬를 막아 버리는 어리석은 행동은 하지 않는다.

일반적으로 남자는 좀 더 이성적이고 사물에 관심이 많고 여자는 감정적이며 사람과의 관계에 관심이 많기 때문에 대화를 할 때도 남자는 사실 전달, 정보 전달에 초점을 맞추지만 여자는 감정 표현에 초점을 맞춘다. 그렇기 때문에 자신의 기준으로 남편을 판단하지 말고 적극적으로 남편의 말을 경청한다면 즐거운 대화가 이어질 것이다.

석세스 테크닉 07

① 남편의 이야기가 지루하더라도 불편한 심기를 드러내지 않는다.

② 남편의 답변을 끌어내는 질문을 한다.

③ 신뢰를 저버리는 행동을 하지 않는다.

④ 남편의 실수를 언쟁의 수단으로 삼지 않는다.

남자에 대한 믿음을 감추지 말고
말이나 행동으로 표현하세요.

평생 함께 할 동반자로서 남편을 믿는 것은 당연한 일이다. 그런데 많은 여성들이 남편을 믿고 따르지 않는다. 이들은 모든 일이 순조롭게 잘 풀릴 때는 남편을 믿고 따르다가 역경에 처하면 남편을 원망하고 비난한다.

자기를 믿어 주는 사람이 있다는 것은 크나큰 위안이 된다. 특히 부부 사이는 더욱 그렇다. 사업에 실패하거나 좌절에 빠졌을 때 "어떤 일이 있어도 난 당신을 믿어요."라고 말해주는 아내는 남편을 성공으로 이끄는 원동력이 된다. 세계적인 자동차회사 포드의 창업주 헨리 포드의 일화는 그 대표적인 예라고 할 수 있다.

헨리 포드는 한때 미국 디트로이트 시의 한 전등회사에서 주급 11달러를 받고 일을 한 적이 있었다. 당시 그는 매일 열 시간씩 근무하고 집에 돌아와 새로운 엔진을 제작하기 위해 헛간에서 밤을 지새우는 일이 많았다.

평범한 농부였던 그의 아버지는 아들이 쓸데없는 일에 시간을 낭비하고 있다고 생각했다. 이웃 사람들도 마찬가지여서 그를 '쓸모없는 사람'이라고 부르며 비웃었다. 그의 연구가 결실을 맺으리라고 생각한 이는 아무도 없었다.

그런데 단 한 사람, 그의 아내만은 그를 믿고 따랐다. 그녀는 하루 일과를 끝낸 후, 항상 헛간으로 달려가 남편을 도왔다. 해가 일찍 저무는 겨울이 되면 남편이 편하게 작업할 수 있도록 석유등을 들고 작업이 끝날 때까지 서 있었다. 추위에 턱이 덜덜 떨릴 정도였지만 그녀는 이에 아랑곳하지 않고 남편을 도왔다. 그녀는 헨리 포드가 '나의 신자'라고 부를 정도로 남편의 연구가 성공하리라 굳게 믿고 있었다.

그로부터 3년 후 그의 연구는 결실을 맺었다. 엔진 개발에 성공하던 날, 요란한 자동차엔진 소리에 놀라 밖으로 달려 나온 이웃 사람들은 앞에 펼쳐진 놀라운 광경에 입을 다물지 못했다. 말이 끌지 않는데도 마차가 달리는 것이 아닌가.

이처럼 사람들로부터 '쓸모없는 사람'이라고 놀림을 받던 헨리 포드는 아내의 내조 덕분에 말이 끌지 않는 차를 개발하여 현재 우리 생활에 막대한 영향을 주는 자동차산업의 아버지가 된 것이다.

믿는다는 것은 적극적인 능력이다. 그것은 실패를 딛고 재기할 수 있도록 만들고 잃어버린 자신감을 회복하게 한다. 즉, 남편에 대한 아내의 확고한 믿음은 그대로 남편에게 전달되어 성공으로 이끈다. 다음에 소개하는 듀파라는 남자의 일화는 아내의 믿음이 남편의 삶에 얼마나 결정적인 영향을 미치는 지 잘보여 준다.

세일즈맨이 되고 싶었던 그는 어느 날 한 보험회사의 직원이될 기회를 잡았다. 그런데 나름대로 열심히 노력을 하는데도불구하고 웬일인지 성과가 좋지 않았다. 그는 자기의 신세를한탄하며 늘 고민에 빠졌다. 그 때문에 결국 신경쇠약증에 걸린 그는 직장을 그만두게 되었다.

그는 완전히 실패했다고 생각했다. 그런데 그의 아내인 도리스는 "당신에게 주어진 이 고난은 일시적인 것에 불과하며 좀더 의욕적으로 일을 한다면 반드시 좋은 결과가 올 거예요."라고 말하며 격려를 했다. 그리고 "당신에게 훌륭한 세일즈맨이될 소질이 있다는 것은 누구보다 자신이 잘 알고 있다."라고말했다.

그 후에도 그는 여러 직업을 전전했고 실패를 거듭했다. 그때마다 그의 아내는 자신감을 잃어 가는 그에게 "당신은 천성적으로 판매에 소질이 있어요."라고 격려하며 그가 꿈을 잃지 않도록 했다. 결국 그는 다시 세일즈맨이 되었고 큰 성공을 거두었다.

만일 그의 아내가 실패를 거듭하는 그를 무시하고 믿지 못했다면 어떻게 됐을까? 그는 자신에게 세일즈맨의 소질이 있다는 것을 모른 채 엉뚱한 일에 종사하며 시간과 에너지를 소비했을 것이다. 또 거듭되는 실패로 좌절감에 빠져 잃어버린 자신감을 회복하지 못했을 것이다.

그 어느 누구라도 만약 고용주라면 듀파 씨처럼 현명한 아내를 둔 사람을 채용할 것이다. 이와 같은 아내는 남편이 어떤 역경에 처해 있어도 그를 부축해 일으켜 주고 앞으로 나아갈 수 있는 힘을 주기 때문이다.

운명은 때로 우리를 절망하게 한다. 경우에 따라서는 다시는 일어나지 못할 만큼 큰 타격을 주기도 한다. 그러나 그때 주위에 자신을 믿고 따라 주는 사람이 있다면 그 역경을 딛고 일어설 수 있다.

남편을 진심으로 믿는 아내들에게는 남편이 지니고 있는 소질을 통찰할 수 있는 능력이 있다. 그렇기 때문에 다른 사람에게는 잘 보이지 않는 남편의 소질을 제대로 찾아낼 수 있다. 그러나 이것을 적절하게 표현하지 않으면 아무 소용이 없다.

그러므로 남편에 대한 믿음을 감추지 말고 말이나 행동으로 표현해야 한다.

세상의 모든 사람이 등을 돌리고 좌절에 빠져도 자신을 믿어 주는 아내가 있다는 것을 알게 되면 남편은 어떤 일에도 결코 포기하지 않을 것이다.

 **석세스 테크닉 08**

남편에 대한 아내의 확고한 믿음은 그대로 전달되어 남편을 성공으로 이끌어 준다.

남자의 성공을 앞당기려면
그가 하는 일에 관심을 갖고 도와주세요.

아내는 살림을 잘 하고, 자녀 교육만 잘 시키면 그만이라고 생각하는 사람들이 많다. 심지어 아내가 남편의 일에 관여하는 것을 쓸데없는 짓이라고 여기는 이도 있다. 그러나 아내만큼 남편을 잘 이해하고 물심양면으로 도와줄 수 있는 사람은 없다.

많은 아내들이 자신이 남편의 일에 그다지 도움이 되지 못한다고 생각한다. "남편이 알아서 척척 일을 하는데 내가 거들어 줄 만한 일이 있겠어?"라며 방관을 한다. 또 개중에는 가정 일에 충실하면 그만이지 남편의 뒤치다꺼리까지 해야 하나며 반문하는 이도 있다. 물론 그들의 말이 틀린 것은 아니다. 그러나 아내의 작은 도움이 남편의 일을 더욱 순조롭게 만들 수도 있다. 실제로 이러한 예는 주위에서 수없이 목격할 수 있다. 마이엘 피서 씨의 경우도 마찬가지다.

가정용 전기기구 제조회사의 유능한 세일즈맨이었던 그는 몸이 두 개라도 모자랄 만큼 바빴다. 그럼에도 그가 자신의 일을 무리 없이 해낼 수 있었던 것은 그의 아내인 아드리아 피서 때문이었다.

그녀는 일밖에 모르는 그에게 잔소리는커녕 그의 일을 물심양면으로 도왔다. 그를 대신해 세일즈를 할 수는 없었지만 그가 일에 전력투구할 수 있도록 소소한 일을 도맡았다. 예를 들면 장부 정리를 해주는가 하면 편지를 타이핑해 주었다. 또 남편이 휴식을 취할 수 있도록 운전을 대신하기도 했으며, 취미 생활도 남편에게 도움이 되는 것을 택했다. 결국 그는 아내의 도움 덕에 큰 성공을 거둘 수 있었다.

사람들은 대개 남편을 돕는 일을 거창하게 여긴다. 승진을 하는데 직접적인 도움을 주거나 사업자금을 대주는 등등 일반인들은 엄두도 내지 못할 일을 떠올린다. 그러나 생각하는 것과 달리 남편에게 도움이 되는 일은 거창하지 않다. 마이엘 피서의 아내처럼 남편 대신 타이프를 쳐 주거나 편지를 쓰거나 전화를 거는 등 조금만 시간을 내면 할 수 있는 일들이다. 사소해 보이는 일이 남편에게 무슨 도움이 되겠느냐고 생각할 수도 있지만 이런 일들은 모두 남편의 수고를 더는 데 큰 몫을 한다.

왜냐하면 아내가 소소한 일에 들이는 시간과 노력을 대신함으로써 남편은 그 힘을 주요 업무에 쏟을 수 있기 때문이다.

아내의 도움은 남편에게 큰 힘이 된다. 그러나 남편의 일이나 직업에 대한 깊은 이해가 없으면 효과적으로 도울 수 없다. 일에 대한 이해가 깊으면 깊을수록 남편을 잘 도울 수 있다. 실제로 아내가 남편의 일에 대한 전문적인 지식을 습득하게 되면 남편을 성공시킬 확률이 높다고 한다. 널리 알려진 유명 인사들을 봐도 그의 아내들은 남편에 뒤지지 않는 전문지식을 가지고 있는 이가 많았다.

예를 들면 영국의 작가 안토니 트로로프는 자신의 소설이 출간될 때마다 반드시 아내의 비평을 먼저 들을 만큼 그의 아내는 문학적 소양이 깊었으며, 프랑스의 작가 알퐁스 도데의 아내 또한 매우 뛰어난 문학적 감각을 가지고 있었다고 한다. 스위스의 자연과학자인 후버 역시 장님인 자신을 도와주기 위해 남편 못지않게 공부를 열심히 했던 아내가 있었기에 성공할 수 있었다.

그렇다고 남편의 일을 효과적으로 도와주려면 반드시 전문적인 지식을 습득해야 한다는 말은 아니다. 남편의 일에 대해 이해하려고 노력한다면 얼마든지 남편에게 의욕과 용기를 불어넣어 줄 수 있다.

요즘 기업들을 보면 남편의 일에 관한 지식을 아내들에게 조금이라도 알려 주기 위해 많은 노력을 하고 있다. 강연을 개최하는가 하면 사보 등을 통해 회사에 관계된 홍보에 심혈을 기울인다. 이는 '회사 일에 흥미를 갖는' 아내들은 남편뿐만 아니라 고용주에게도 소중한 협력자가 되기 때문이다. 실제 여러 회사들은 아내들에게 남편이 일하는 공장을 견학하도록 하여 제조공정에 대해 설명도 해 주고 질문에 대한 답을 성실히 해 준다. 업무를 개선하기 위한 좋은 방안이 견학을 마친 아내들에게서 나오는 경우가 많기 때문이다.

남편들은 하루의 대부분을 일이나 사업을 하는 데 쓴다. 그러므로 남편의 일에 관여하는 것은 매우 중요한 일이다. 남편의 일에 관심을 갖고, 그 일을 도와줄 수 있다면 남편의 성공을 앞당길 수 있다.

 석세스 테크닉 09

남편의 일에 관심을 갖고 이해하며, 그 일을 도와줄 수 있다면 남편의 성공을 앞당길 수 있다.

잔소리로 남자를 자기 뜻대로
움직일 수 있다고 착각하지 마세요.

남편의 행복은 아내의 성품에 의해 좌우된다. 가령, 매일 잔소리를 한다든가 성미가 급하거나 까다로운 아내는 아무리 교양이 있고 다재다능하더라도 남편을 행복하게 할 수 없다.

한 조사의 결과에 의하면 많은 남성들이 아내의 성격 때문에 일을 게을리 하거나 성공하고자 하는 의욕을 상실하는 것으로 나타났다. 아내가 남편의 포부와 하는 일을 제대로 이해하지 못하고 항상 핀잔을 주며 잔소리를 한다고 생각해 보라. 아무리 자신만만한 남편이라도 풀이 죽고 자포자기에 이를 수밖에 없다. 실제로 아내의 잔소리 때문에 신경쇠약증까지 걸려 고생한 사람도 있다.

당시 그는 20대 후반으로 광공업에 종사하고 있었다. 그가 다니는 회사는 직원들 간의 경쟁이 매우 치열해 일을 계속하려면 아내의 이해와 격려가 절대적으로 필요했다. 하지만 야심도 크고 배려심도 없던 그의 아내는 광공업에 종사하는 그를 못마땅하게 생각했다. 그녀는 하루 종일 일에 시달리고 집에 들어온 그에게 항상 잔소리를 했다. 그는 아내의 끊임없는 조소와 비난 때문에 신경쇠약 증세까지 보이게 되었다.

아내의 잔소리에 시달리던 그는 점점 망가지기 시작했다. 결국 회사에서 실수를 저지르는 일이 많아져 그는 실직자가 되고 말았다. 그렇게 되자 그의 아내는 기다렸다는 듯이 그와 이혼을 해 버렸다. 그런데 놀랍게도 이혼을 하고나자 그는 마치 병든 사람이 건강을 회복하듯 잃었던 자신감을 서서히 회복하기 시작했다.

잔소리가 심한 아내를 둔 남편보다 불행한 사람은 없다. 잔소리가 심한 아내는 남편의 자존심뿐만 아니라 삶의 의욕까지 꺾어 버리기 때문이다. 저명한 심리학자인 루이스 박사가 부부 1천 5백 쌍을 상대로 조사한 결과, 남성이 생각하는 아내의 가장 큰 결점 중 하나가 바로 '잔소리'였다.

여자들은 잔소리를 함으로써 남편을 자신의 뜻대로 움직일 수 있다고 착각을 한다. 물론 특수한 경우에는 유효할 수도 있다. 그러나 대개는 남편에게 반발심만 더 심어 줄 뿐 전혀 득이 될 게 없는 행동이다. 잔소리가 심한 아내를 둔 남편들이 그렇지 않은 남편들보다 더 집 밖으로 나도는 데는 다 그만한 이유가 있다.

잔소리에는 불평하기, 투덜대기, 욕하기, 멸시하기 등등 여러 종류가 있다. 그런데 그 중에 가장 나쁜 것은 남편을 남과 비교해서 깎아내리는 잔소리다. "내 친구는 남편이 밍크코트를 사주었다는데 당신은 뭐예요? 친구의 남편은 당신처럼 그렇게 무능력하지 않아요."라든가 "찰리와 결혼을 했었다면 이렇게 살지는 않았을 거예요. 당신 같은 사람과 결혼을 하다니 정말 나의 실수였어요."라는 식의 잔소리는 남편의 마음에 치유하기 힘든 상처를 준다.

이 세상에 남편에게 잔소리를 전혀 하지 않는 아내는 극히 드물다. 아무리 남편을 믿고 따르는 아내라도 때로는 충돌을 하고 잔소리를 하게 된다. 그러나 대다수가 남편과 소원해질 만큼 잔소리를 심하게 하지는 않는다. 익히 알고 있듯이 말은 약이 되기도 하고 독이 되기도 한다. 무심코 내뱉은 잔소리가 가정을 파괴하는 원인이 될 수도 있다. 실제로 아내의 잔소리 때문에 이혼한 사람도 있다.

세일즈맨이었던 그는 자신의 직업에 대한 자부심이 남달랐다. 그는 어느 누구보다 열심히 상품을 팔러 다녔다. 그리고 지쳐서 집에 들어올 때면 아내에게 따뜻한 격려나 위로의 말을 듣고 싶었다. 그런데 그의 아내는 되레 그에게 "팔기는 팔았어 요?" "또 과장한테 꾸중 들었죠?" "다음 주에 집세 내야 한다 는 사실 잘 알고 있겠죠?"라는 식의 비꼬는 말로 기를 죽이며 그를 맞았다.

그는 아내로부터 모욕을 당하면서도 자신의 의지와 노력으 로 판매량을 늘려갔고 마침내 사람들에게 널리 알려진 회사의 부사장이 되었다. 그리고 그는 부인과 이혼을 한 후 그녀와 비 교할 수 없을 만큼 자신에게 협조적인 아내와 재혼했다.

이혼을 당한 전처는 사람들에게 남편이 자신을 죽도록 고생 만 시키고 소용없게 되자 자신을 버렸다고 떠들고 다녔다. 그 러나 그녀의 주장과 달리 그는 아내가 필요하지 않아 그녀를 버린 것이 아니라 그녀의 잔소리가 극심했기 때문에 이혼을 결 심한 것이었다.

그녀는 마치 만족이라는 것을 모르는 사람처럼 남편이 아무 리 열심히 노력을 해도 틈만 나면 그를 멸시하고 자존심을 깎 아 내렸다. 세상에 어느 누가 그런 아내와 평생을 함께 하고 싶겠는가?

잔소리는 남편을 고통스럽게 하고 불행하게 만드는 가장 큰 원인이다. 소크라테스는 악처 크산티페의 잔소리를 피하기 위해 집에 들어가지 않았고, 프랑스의 나폴레옹 3세, 에이브러햄 링컨 역시 잔소리가 심한 아내 때문에 평생 고생을 했다. 그러므로 남편의 행복을 바란다면 생각나는 대로 잔소리를 해서는 안 된다. 잔소리는 습관적이어서 신혼 초에는 가벼운 푸념 정도에 그쳤던 사람도 후에는 어떤 것에도 만족하지 못하는 심한 잔소리꾼이 된다.

 **석세스 테크닉 10**

남편의 행복은 아내의 성품에 의해 좌우된다. 잔소리는 남편의 의욕만 꺾을 뿐이다.

지나친 잔소리는 자신도 불행하게
만든다는 사실을 잊지 마세요.

　　　　　　부처님처럼 어질고 착한 사람도 아내가 정신없이
잔소리를 퍼부으면 짜증이 나고 우울해진다. 또 직장에서 아무
리 인정을 받는다 하더라도 아내가 남편을 멸시하거나 비난하
게 되면 자신감을 잃게 된다.

　잔소리는 남편에게 전혀 도움이 되지 않는, 반드시 고쳐야
할 습관이다.

　아내들이 잔소리를 하는 이유는 앞에서도 설명했듯이 남편
을 자신의 뜻대로 움직이려하기 때문이다.

　그런데 특별한 목적 없이 습관적으로 잔소리부터 하는 아내
들도 있다. 그들은 대개 건강하지 못하거나 자신의 감정을 억
누르는 타입으로, 부부간의 애정결핍, 친척들과의 문제 등으로
쌓인 불만을 가슴에 담아 두게 되면 그것이 잔소리로 분출될

확률이 높다.

따라서 잔소리를 고치고 싶다면 원인을 정확하게 파악하고 적절한 조치를 취해야 한다. 강제로 억제시키려고 하면 오히려 잔소리를 심화시킬 수 있다.

무릇 병이란 자기가 병에 걸렸다는 사실을 자각해야 고칠 수 있다. 만일 자신의 잔소리가 어느 정도인지 판단하기 어렵다면 남편에게 물어보는 것이 좋다. 단 남편이 "당신은 잔소리꾼이 야."라고 말하더라도 절대 화를 내거나 말대꾸를 해서는 안 된다. 그런 태도는 곧 자신이 잔소리꾼임을 스스로 인정하는 셈이다.

일단 자신의 잔소리가 남편의 일이나 성공에 방해가 된다고 생각되면 그것을 고치려고 노력해야 한다. 잔소리가 남편뿐만 아니라 자신도 불행하게 만들 수 있다는 사실을 항상 염두에 두고 진심으로 최선을 다한다면 잔소리 습관을 얼마든지 고칠 수 있다.

다음에 나열하는 내용은 잔소리를 보다 쉽고 빠르게 고칠 수 있는 방법들이다.

1) 남편이나 가족의 협력을 구하라.

혼자 고치려고 애쓰는 것보다 가족들에게 도움을 청하는 것이 효과적이다. 예를 들어 당신이 남편에게 지나치게 화를 내거나, 비난하고 멸시하는 투의 말을 할 때마다 가족들에게 벌금을 내도록 한다면 의식적으로 잔소리를 하지 않으려고 애를 쓰게 된다.

2) 한 가지 일에 대해서는 한 번만 이야기하라.

몇몇 사람들은 어느 한 가지 일에 대해서 반복해서 말하는 성향이 있다. 아무리 마음이 너그러운 사람도 같은 말을 계속 반복해서 들으면 짜증이 나게 마련이다. 그러므로 만일 당신이 남편에게 전등을 갈아 줄 것을 부탁했는데 그가 곧바로 그 일을 해주지 않는다고 해서 재촉하는 말을 되풀이해서는 안 된다. 그럴수록 남편들은 더욱 그 일을 하지 않으려고 꽁무니를 빼게 될 것이다.

3) 같은 말이라도 부드럽게 하라.

'파리는 신 음식보다 단 음식에 모인다'라는 말이 있듯 남편에게 말을 할 때 부드럽게 하는 것이 좋다. 예를 들어 "담배 좀 끊으면 안 돼요? 집 안에 냄새 나잖아요. 옆집의 마이클 씨처럼 담배를 피우지 않으면 얼마나 좋을까!"라는 식으로 퉁명스럽게 말하는 것보다 "여보, 어제 TV를 보니까 담배가 몸에 매우 해롭다지 뭐예요. 난 당신의 건강이 걱정이 돼요. 건강을 위해서 담배 좀 끊어 보는 건 어떨까요?"라고 부드럽고 진정성 있게 이야기를 하면 잔소리처럼 들리지도 않고 당신의 말에 설득력이 더해진다.

4) 대수롭지 않은 일은 웃어넘겨라.

사소한 일에 지나치게 감정을 곤두세우는 사람들이 있다. 작은 일에 일일이 신경을 쓰다 보면 화가 나고 불만이 생길 수밖에 없다. 그러므로 대수롭지 않은 일은 그냥 웃어넘겨라. 사소한 일에 과장된 표정을 짓거나 심각하게 받아들이면 상대방의 감정을 상하게 할 수 있다.

5) 생각나는 대로 말하지 말고 종이에 적어라.

초조한 일이 생기면 사람들은 생각나는 대로 말하는 성향이 있다. 따라서 만일 당신을 초조하게 만드는 일이 생겼다면 그 일에 대한 감정이나 생각을 일단 종이에 써 두고 그 순간에는 말을 하지 않는 편이 좋다. 그러면 무턱대고 잔소리를 하지 않게 되고, 마음이 차분해진 다음 자신이 적은 내용을 읽게 되면 대수롭지 않은 일로 상대에게 잔소리를 할 뻔했다는 사실을 깨닫게 된다.

6) 잔소리를 하는 대신 칭찬을 하라.

자신이 바라는 대로 남편을 움직이게 만드는 데는 칭찬만큼 효과적인 것은 없다. 습관적으로 하는 잔소리는 상대의 감정만 상하게 할 뿐이다. 그러므로 잔소리를 하는 대신 칭찬을 한다면 남편의 의욕도 살리고 당신이 원하는 목적도 달성할 수 있을 것이다.

석세스 테크닉 11

❶ 한 가지 일에 대해서는 한 번만 이야기하라.

❷ 같은 말이라도 부드럽게 하라.

❸ 대수롭지 않은 일은 웃어넘겨라.

❹ 생각나는 대로 말하지 말라.

❺ 잔소리를 하는 대신 칭찬을 하라.

남자가 하는 일에
시시콜콜 간섭하지 마세요.

남편의 성공을 돕는 방법에는 여러 가지가 있다. 편안하고 행복한 가정을 만들기 위해 노력한다든지, 남편이 자기의 일이나 사업에 전념할 수 있도록 마음을 써 주는 일 등 아내의 능력에 따라 남편을 돕는 방법은 수없이 많다.

그런데 남편을 도우려 의도했던 일이 엉뚱하게 남편의 앞길을 방해하는 경우가 있다. 남편이 하는 일에 대해서 잘 알지도 못하면서 간섭을 하는 예가 그렇다.

대부분의 아내들은 자기 남편이 남보다 빨리 승진을 하거나 사업에 성공하기를 간절히 바란다. 그런 생각을 가신 아내들은 대개 적극적으로 승진 운동을 돕거나 남편에게 여러 가지 조언이나 충고를 아끼지 않는다. 또 승진이 어렵거나 사업이 성공할 확률이 낮다고 짐작될 때는 남편으로 하여금 직장을 바꾸거나 사업을 포기하도록 권유한다. 물론 남편을 위해 자신의 능력을 발휘하는 것은 바람직한 일이다. 그러나 지나치게 간섭을 하게 되면 남편의 출세를 막거나 심지어 행복한 가정을 깨뜨릴 수도 있다.

다음은 어느 조그마한 회사에서 실제로 일어났던 일이다.

당시 지배인이 새로 부임해 왔다. 그는 일 처리 능력이 뛰어난 사람으로 성공이 보장되어 있었다. 그런데 어느 날부터 그의 부인이 남편과 함께 출근을 하기 시작하면서 상황이 달라지기 시작했다. 야심이 많았던 그녀는 남편을 누구보다 빨리 성공시킬 자신감에 차 있었고, 그러기 위해서는 자신이 직접 일에 관여해야 한다고 생각했다. 그녀는 남편이 구술하는 것을 받아서 직원에게 넘기는 일부터 타이핑된 서류를 검사하는 일까지 모든 일에 간섭을 했다. 심지어 각종 서류의 정리 상태까지 참견을 했다.

상황이 이렇다 보니 사원들은 그녀에게뿐만 아니라 지배인에게까지 불만을 품게 되었고, 한 직원은 그녀의 간섭이 못마땅해 회사를 그만두었다. 남아 있던 사람들도 사기가 떨어져 언제 회사를 그만둘까 시기만 살피고 있었다. 결국 이에 대한 소문이 퍼져 지배인은 부임한 지 3주 만에 중역실로 불려갔고, 해고를 당하고 말았다.

지나치게 극단적인 예라고 생각할 수도 있겠지만 이처럼 아내의 참견으로 인해 회사를 그만두는 남편들이 의외로 많다.

간섭은 그것이 아무리 훌륭한 동기에서 시작되었다 하더라도 매우 위험하다. 가령 한 여자가 남편을 돕겠다는 순수한 마음으로 경쟁 상대라고 생각되는 인물에 대해 험담을 퍼뜨린다고 생각해 보자. 그것이 아무리 좋은 동기에서 출발했다. 할지라도 경쟁 상대의 귀에 들어가면 남편을 진퇴양난의 상황에 빠뜨릴 수 있다.

따라서 남편을 돕고 싶다면 마음이 동하더라도 지나친 간섭은 자제해야 한다. 그렇다면 '지나침'이란 어느 정도를 말하는 것일까? 다음에 열거하는 열 가지 행동은 남편의 성공을 방해하는 '지나친' 간섭들이다. 이것만 잘 피해서 행동한다면 남편을 곤란하게 만드는 일은 적어질 것이다.

1) 남편의 비서에게 심술을 부린다.

아내들은 대개 남편의 비서에 대해 부정적인 감정을 가지고 있다. 특히 비서가 젊고 아름다운 여성일 때는 더욱 심하다. 남편의 성공을 방해하고 싶다면 비서를 괴롭혀라. 그러면 남편은 훌륭한 비서를 잃게 되고 직무수행 면에서 큰 손해를 보게 될 것이다.

2) 남편에게 자주 전화를 건다.

점심에는 누구와 식사를 했는지, 지금은 무엇을 하는지 등등 하루에도 수십 번씩 확인 전화를 하게 되면 남편의 일을 방해할 수 있다. 또 동료나 상사에게 가정 내에서 당신이 남편보다 우위에 있다는 사실을 알려 주어 남편의 자존심을 깎아내릴 수 있다.

3) 남편의 동료 부인들 사이에 불화를 조성한다.

상사가 남편의 동료 사원에 대하여 어떻게 말하는지, 남편의 동료가 상사를 어떻게 비난하는지 등의 소문을 퍼뜨리면 남편은 동료로부터 따돌림을 당하고 상사의 눈 밖에 날 것이다.

4) 남편의 능력에 비해 대가가 적다는 사실을 알려 준다.

남편이 회사에 기여하는 것에 비해 월급이 적다든가, 회사에서 남편의 능력을 제대로 인정해 주지 않고 있다고 계속 잔소리를 하면 남편은 의욕을 상실하여 다른 직장을 찾기 위해 사표를 쓸 것이다.

5) 남편의 모든 일에 참견한다.

남편이 어떻게 하면 업무 능력이 향상되고, 상사의 마음에 들 수 있는지 하나에서 열까지 시시콜콜하게 모든 일에 참견을 하게 되면 남편은 자신의 일에 흥미를 잃고 금방 지쳐버리게 될 것이다.

6) 남편을 위해 아낌없이 낭비를 한다.

남편의 기를 살려 주기 위해서 수입의 한도를 무시한 채 화려한 파티를 열거나 상사나 거래처 사람들에게 값비싼 선물을 하게 되면 남편은 다른 사람들로부터 비웃음을 사게 되고 따돌림을 당할 수도 있다.

7) 다른 사람들을 동원해 남편을 감시한다.

회사의 여직원이나 동료 부인들을 동원하여 남편의 일거수일투족을 감시하게 되면 다른 사람들의 오해를 불러일으켜 남편의 평판이 나빠질 것이다.

8) 남편의 상사에게 접근한다.

당신의 성적 매력을 최대한 발휘하여 남편의 상사에게 접근한다면 남편에게 큰 도움을 줄 수 있을 것이다. 그러나 이 사실이 발각되면 남편이 회사를 그만두거나 당신은 이혼을 당할 수 있다.

9) 회사의 모임 등에서 술을 많이 마신다.

술을 많이 마신 후 경박하게 행동하거나 남편을 웃음거리의 소재로 삼는다면 남편은 동료들에게 놀림감이 되는 곤경에 처할 것이다.

10) 야근을 하거나 출장을 갈 때 불평과 잔소리를 한다.

야근을 하게 되거나 출장을 가게 될 때마다 불평을 하게 되면 남편은 당신이 신경 쓰여 제대로 일에 집중을 할 수 없을 것이다.

석세스 테크닉 12

남편의 일에 지나치게 간섭을 하게 되면 그의 출세를 막거나 심지어 행복한 가정을 깨뜨릴 수도 있다.

갖고 있는 능력 이상의 것을 발휘하도록
강요하지 마세요.

코끼리 부자가 있었다. 욕심이 많은 아빠코끼리
는 아기코끼리에 대한 기대가 남달랐다. 아빠코끼리는 다른 코
끼리들보다 아기코끼리를 훌륭하게 키우고 싶었다. 그래서 아
빠코끼리는 아기코끼리에게 여러 가지 공부를 시켰다.

그러던 어느 날 길을 가던 아빠코끼리는 하늘을 나는 멋진
독수리를 보았다. 순간 아빠코끼리는 아기코끼리를 독수리처
럼 날 수 있게 만들겠다고 결심을 했다. 그날 이후 아빠코끼리
는 아기코끼리에게 나는 연습을 시켰다. 그러나 아무리 연습을
해도 아기코끼리는 날 수가 없었다. 이에 아빠코끼리는 크게
낙심을 했지만 포기하지 않았다. 아빠코끼리는 더욱 열심히 연
습을 하면 아기코끼리가 날 수 있을 것이라고 확신했다.

과연 아빠코끼리는 아기코끼리를 날게 할 수 있을까? 실현

78

불가능한 일이다. 아무리 강요를 하고 연습을 시켜도 날개도 없고 몸도 무거운 아기코끼리는 하늘을 날 수 없다.

남편도 마찬가지이다. 몇몇 아내들은 강요를 하면 남편이 무슨 일이든 해낼 수 있을 거라 생각하는데 그렇지 않다. 남편도 불완전한 한 인간으로 능력의 한계가 있다. 그 이상을 강요하는 것은 남편을 불행하게 하는 원인이다.

아내가 남편을 돕는 것은 하나의 의무다. 그러나 남편이 자신의 능력을 배가시킬 수 있도록 조력하는 것과 능력 이상의 일을 강요하는 것은 엄연한 차이가 있다. 남편이 자신의 능력을 최대한 발휘하도록 독려하는 것도 아내의 몫이지만 남편의 능력 이상으로 강요하지 않는 것도 아내의 책임이다. 젠이라는 여인은 남편의 능력을 인정하고 그것을 발전시키는 데 조력함으로써 남편을 성공으로 이끈 유명한 여성이다.

미인에다가 부유한 집에서 태어난 그녀는 어떤 상대와도 결혼할 수 있는 충분한 자격을 가지고 있었다. 그러나 그녀는 두뇌는 총명하지만 성품이 괴팍스럽고 가난하며 장래성마저 불투명한 토머스 카라일이라는 사내와 결혼을 했다. 사람들은 그녀가 결혼을 잘못했으며 곧 불행해질 거라고 쑥덕거렸다. 하지만 그들의 예상과 달리 그녀는 행복한 가정을 만들었으며 남편을 온 국민이 존경하는 사람으로 성공시켰다. 그녀의 남편은 한 대학의 명예총장으로 선출되었으며 《프랑스 혁명》, 《크롬웰전》과 같은 유명한 저서의 작가로서 명성을 날렸다.

그녀는 원래 재능이 뛰어난 여류시인이었다. 그런데 남편을 돕는 일에 전념하기 위해 시 창작을 그만두었다. 또한 남편이 어떤 방해도 받지 않고 저작에 열중할 수 있도록 정든 곳을 떠나 한적한 시골로 이사를 했다.

그녀는 그곳에서 평범한 가정주부로 살면서 남편의 뒷바라지를 열심히 했다. 또 남편의 책이 세인의 주목을 끌기 시작하자, 남편의 재능을 인정해 주는 사람들과 접촉하여 그들과 친분을 두텁게 하였다.

그녀가 괴팍한 성품의 남편을 성공시킬 수 있었던 것은 남편을 위한 헌신적인 노력 때문이기도 하지만 남편의 천성을 바꾸려고 하지 않았던 것이 주원인이었다. 그녀는 남편의 괴팍스러운 성격과 개성을 존중하면서 그것을 발전시키는 데 조력했다.

만일 그녀가 남편의 천성을 바꾸려 하고 능력 이상의 기대를 했다면 어떻게 됐을까? 아마도 그들 부부는 하루가 멀다 하고 갈등을 일으켰을 것이며 《프랑스 혁명》, 《크롬웰전》은 세상에 나오지 못했을 것이다.

대개 야심이 많은 아내들은 남편을 성공시키고자 하는 마음에 능력 이상의 일을 하도록 재촉한다. 물론 다른 사람들보다 앞서기 위해서는 남들보다 뛰어난 능력을 발휘해야 한다. 그러나 능력의 한계를 넘어서는 일을 하게 되면 과도한 긴장을 불러와 금방 지쳐 버리게 된다. 가령 말단 직원이었던 사람을 갑자기 경영자 자리에 앉힌다고 생각해 보라. 말단 직원은 직위에 대한 책임감과 부담감 때문에 차츰 신경쇠약에 걸리고 말 것이다.

남편이 성공하기를 바란다면 자신의 야심을 위해 남편을 과도하게 다그쳐서는 안 된다. "노력하면 안 되는 것이 없어!"라며 능력의 한계를 넘어선 일을 하도록 재촉하면 남편은 이내 지쳐서 자신이 가지고 있는 능력조차도 제대로 발휘하지 못하게 된다.

석세스 테크닉 13

남편이 자신의 능력을 최대한 발휘할 수 있도록 독려하는 것도 아내의 몫이지만 남편의 능력 이상으로 강요하지 않는 것도 아내의 책임이다.

좋아하는 것을 희생함으로써
상대가 행복을 느끼도록 해주세요.

≪테스≫로 유명한 토마스 하디의 작품 중에 이런 구절이 나온다.

<뉴질랜드 어느 묘지의 한구석에 낡은 비석이 서 있는데, 거기에는 '고운 성품의 한 여인이 이곳에 잠들어 있노라'고 씌어 있다.>

이 비명은 생전에 그 여인이 남편과 가족을 위해 얼마나 헌신적으로 살았는지 잘 나타내 준다. 남편을 진정으로 행복하게 해 주었던 아내만이 들을 수 있는 말이다.

성품이 고운 여자, 즉 착한 아내는 남편의 성공과 밀접한 관련이 있다. 남편을 행복하게 만드는 아내를 둔 남자는 그렇지 않은 남자보다 성공할 확률이 높다. 자신을 불행하다고 생각하는 사람이 어떻게 일을 열심히 할 수 있겠는가.

뜻밖에도 많은 아내들이 남편을 사랑하고 있으면서도 어떻게 하면 남편을 기쁘게 해 줄 수 있는지는 잘 모른다. 오히려 남편에게 잘해 주려고 하면서도 실제로는 남편을 괴롭히는 경우가 적지 않다. 가령 남편이 외출을 해야 할 때 못 나가게 붙잡는다든지, 조용하게 있고 싶을 때 옆에서 떠들어댄다든가 하여 남편을 곤란하게 하는 일이 많다.

남편을 기쁘게 해주는 일은 그다지 어렵지 않다. 퇴근하는 남편을 웃음으로 맞아 주고, 정성 들여 음식을 마련하고, 이런저런 대화를 나누는 등 마음만 먹으면 누구나 쉽게 할 수 있는 일이다. 그런데 아내들은 이러한 일조차 하지 않는다. 화장이나 마사지할 시간은 있으면서 남편을 기쁘게 하는 방법에 대해 연구할 시간은 없다. 물론 자신의 외모를 가꾸는 일이 나쁘다는 것은 아니다. 다만 얼굴이나 옷차림에 지나치게 신경 쓰는 시간을 조금만 할애해 남편을 기쁘게 하려고 노력하라는 말이다.

남편을 가장 행복하게 만드는 방법에 대해 알고 싶다면 유능한 비서를 벤치마킹하면 된다. 유능한 비서는 자기의 상사를 기쁘게 할 수 있는 비법을 터득하고 있기 때문이다. 그들은 상사의 성품뿐만 아니라 무엇을 좋아하고 싫어하는지 기호까지 잘 알고 있다.

유능한 비서는 상사의 일을 위해서라면 자신의 기호나 취미 쯤은 과감히 포기하겠다는 마음을 가지고 있다. 가령 손톱을 붉게 물들이는 것을 싫어하는 상사를 모시고 있다면 그들은 당장 매니큐어를 지운다. 만일 유능한 비서가 상사를 위해 신경을 쓰는 것의 반만큼이라도 아내가 남편을 위한다면 큰 행복을 선사할 수 있을 것이다.

남편을 즐겁게 하는 것은 아내의 능력과 재치에 달려 있다. 실제로 우리가 익히 알고 있는 유명 인사들의 아내들은 대개 남편을 행복하게 만드는 능력이 탁월했다. 예를 들어 루스벨트 대통령의 부인은 남편이 지방으로 유세를 떠날 때면 항상 아이들 중 누군가를 꼭 데리고 가도록 했다. 아이들은 남편을 즐겁게 만들고 바쁜 일정으로 인해 오는 피로와 긴장감을 풀어주는 데 큰 역할을 하기 때문이다.

아이젠하워 대통령의 부인 역시 마찬가지였다. 그녀는 남편을 기쁘게 할 수 있는 일이라면 아무리 사소한 것이라도 놓치지 않았다.

남편을 행복하게 하려면 때로는 자신을 희생해야 하는 일이 발생한다. 자존심이 강한 여성들은 이 점을 못마땅하게 여기는데, 자신이 좋아하는 것을 기꺼이 희생할 수 있는 아내는 그 희생과는 견줄 수 없는 큰 보답을 받게 된다. 올가 카파부랑카 부인의 일화는 이 말이 진리임을 증명하는 좋은 예이다.

그녀는 쿠바의 외교관이었던 고故 로즈 카파부랑카 씨의 미망인이다. 그녀의 남편은 살아생전에 저명인사들이 흔히 그렇듯 완고한 성격의 소유자였다. 그렇지만 가정에서만큼은 따뜻한 사람이었다. 완고한 남편이 집에서는 다정하게 변할 수 있었던 것은 아내인 올가 카파부랑카 부인의 작은 희생 때문이었다.

예를 들면 그녀는 남편이 우울할 때는 혼자 있도록 배려해주었고 쓸데없는 말을 하여 남편의 신경을 건드리지 않았다. 그리고 파티를 좋아했지만 조용한 것을 좋아하는 남편을 위해 모임에 참석하는 것을 포기했으며 남편이 자신이 입고 있는 옷을 마음에 들어 하지 않을 때는 다시는 그 옷을 입지 않았다. 또 그녀는 가볍고 재미있는 책을 좋아했지만 철학, 역사 등을 좋아하는 남편과 대화를 나누기 위해 어렵더라도 그가 좋아하는 책들을 읽었다.

이러한 그녀의 작은 희생은 점점 완고한 남편을 변화시켰다. 선물을 주고받는 것을 감상에 젖은 어리석은 짓이라고 생각했던 그가 어느 해 밸런타인데이에 그녀에게 큰 초콜릿 상자를 보낸 것이다. 그녀는 합리적이기 이를 데 없는 남편의 깜짝 선물을 받고 매우 기뻐했고, 그는 자신의 선물을 받고 기뻐하는 그녀를 보고 행복함을 느꼈다. 그 이후로 그는 부인에게 선물하는 것을 큰 낙으로 삼았다.

그녀는 자기가 좋아하는 것을 조금 희생함으로써 남편에게 아내를 즐겁게 해 주는 일의 즐거움을 발견하게 만들었다. 다른 사람들이 보기에 완고하고 재미없기 이를 데 없는 남편과 행복하게 결혼생활을 할 수 있었던 그녀의 비결은 바로 '작은 희생'이었다.

남편에게 순응하는 아내들을 비하하는 사람이 있는데, 남편의 행복을 위해 자신의 희생을 마다하지 않는 아내는 현명한 사람이다. 유명인사의 아내들을 보라. 그들은 어느 누구보다도 유능하고 지혜로움에도 불구하고 남편의 행복을 위해 자신을 희생했다.

그러므로 남편을 행복하게 하려면 그를 마음 편하게 해 주고, 일에 매진할 수 있도록 도와야 한다. 자신의 개성을 남편의 개성에 맞추고 물심양면으로 도와야 그를 진심으로 기쁘게 할 수 있다.

⏱🏃 석세스 테크닉 14

남편을 행복하게 만드는 아내를 둔 남자는 그렇지 않은 남자보다 성공할 확률이 높다.

끊임없이 공부하는 남자의 모습에서
미래의 행복을 꿈꿔 보세요.

당신의 남편은 미래에 대한 만반의 준비를 하고 있는가? 만일 그렇지 않다면 미래에 대해 준비할 수 있도록 격려하라. 준비가 되어 있는 사람에게만 기회가 오는 법이다.

사람들은 보통 5년 혹은 10년 후, 승진하고 싶어 하는 직위에 올랐을 경우에 필요한 업무의 지식을 습득하고 있지 않다. 대개 해를 거듭하면서 경험과 훈련을 통해 업무에 필요한 지식을 얻게 된다.

성공할 수 있다는 신념이 확고해도 자신을 향상시킬 수 있는 수단이 없다면 성공은 그저 꿈에 불과하다. 그러한 면에서 자신을 계발하기 위한 수단으로 '교육'만큼 적당한 것도 없다. 만약 남편을 당신이 원하는 모습으로 만들고자 한다면 언제 올지 모르는 기회의 순간을 위해 끊임없이 공부를 하도록 격려해야 한다.

큰 성공을 이룬 사람들을 보면 근무시간이 끝난 후 여가를 이용하여 공부한 사람들이 적지 않다. 예를 들면 양장점을 운영하던 찰스 프로스트는 매일 한 시간씩 공부를 하여 유명한 수학자가 되었고, 목수였던 존 헌터는 하루에 네 시간만 잠을 자면서 비교해부학을 공부하여 그 분야의 권위자가 되었다. 또 은행가였던 라보크는 여가를 이용해 선사시대를 공부하여 유명한 학자가 되었고, 조지 스티븐슨은 탄광 기관공 기사를 하면서 수학을 공부하여 기관차를 발명했다.

만일 이들이 현실에 만족하여 공부를 게을리 했다면 그와 같은 성공을 거둘 수 없었을 것이다. 아무리 재능이 뛰어난 사람도 현재에 안주하고 무위도식하며 공부를 게을리 하면 치열한 이 세상에서 성공을 이룰 수 없다.

남편이 공부에 전념하기 위해서는 아내의 협조가 무엇보다 중요하다. 아내의 태도에 따라서 남편이 공부에 매진할 수도 있고 그렇지 않을 수도 있다. 예를 들어 한 남자가 퇴근 후 야간학교를 디니며 공부를 한다고 하자, 현재 하고 있는 일이나 미래에 대한 야심을 가진 그는 몸은 힘들었지만 배우는 기쁨에 언제나 즐거운 마음으로 학교를 다녔다. 그런데 남편이 야간학교를 다니면서 자연스럽게 혼자 집을 지키게 된 그의 아내는 불만이 이만저만이 아니었다. 그는 아내가 불평을 할 때마다 미래를 위한 투자라며 설득했다.

그는 시간이 지나면 아내가 새로운 환경에 적응할 거라고 생각했다. 그러나 그의 예상과 달리 아내의 불만은 계속되었다. 공부에 열정이 강한 그였지만 아내에 대한 걱정 때문에 공부에 집중할 수가 없었다. 결국 그는 혼자 집을 지키기 싫어하는 아내 때문에 공부를 포기할 수밖에 없었다.

이런 아내들은 대개 남편이 성공하지 못하는 이유가 자신에게 있음을 깨닫지 못한다. 남편이 성공하지 못하는 것은 오직 그가 능력이 부족하기 때문이라고 생각한다. 남편의 성공을 방해하는 가장 큰 존재가 자신인데도 말이다.

현명한 아내는 남편이 성공하기 위해서는 그에 맞는 기술과 지식을 습득해야 한다는 것을 이해한다. 또 설사 남편이 결혼 전에 성공하기 위한 충분한 지식과 기술을 갖추고 있었다 하더라도 시대의 흐름에 맞춰 새로운 지식과 정보를 습득해야 함을 안다. 그리고 이 사실을 남편에게 설득시키고 공부하도록 독려한다.

모든 사람이 정상에 선다는 것은 불가능하다. 누군가는 다른 사람보다 낮은 위치에서 일을 하지 않으면 안 된다. 그렇지만 자신을 향상시키고자 노력을 한다면 그 사람은 언젠가는 반드시 성공하게 되어 있다. 이 점을 남편이 깨닫게 된다면 자연스럽게 자신감과 용기가 솟아날 것이다. 변호사 하위크 씨는 공부가 성공에 얼마나 결정적인 역할을 하는지 잘 보여주는 인물이다.

하위크는 처음에 미국 캔자스에 있는 어느 신탁회사의 말단 사원으로 일을 하게 되었다. 그런데 오클라호마로 이사를 하게 되면서 다시 취직을 해야만 했다. 한 석유회사에 취직한 그는 그곳에서 애브링 잉글이라는 여성과 사랑에 빠져 결혼을 하게 되었다.

그런데 결혼하고 얼마 후, 지속되는 불경기로 그는 해고를 당하고 말았다. 그때까지 익힌 교육과 경험으로는 평범한 사무직밖에 할 수 없었던 그는 회사의 사무직 자리를 알아봤다. 그러나 사무직 자리는 이미 만원이었다. 특별한 기술이 없었던 그는 할 수 없이 송유관 배관공사의 인부를 하며 한 시간에 40센트의 일당을 받았다. 상점 점원으로 일하는 아내의 월급 없이는 제대로 생활을 할 수 없을 정도로 그들의 생활은 궁핍했다

그런 와중에 경기가 좋아져 그는 다행히 석유회사에 다시 복직이 되었다. 그런데 그가 담당해야 할 업무는 일반 사무직이 아니라 경리부에서 투자관계를 다루는 일이었다. 회계에 대해

서 백지상태였던 그는 당황하지 않을 수 없었다. 아내와 상의 끝에 그는 회계법률학교 야간부에 입학하여 공부를 했다. 그런데 그는 공부를 하면서 자신에게 부족한 재능은 배움으로 얼마든지 보충할 수 있음을 깨닫게 되었다.

학교를 다닌 덕분에 그의 월급은 두 배로 올랐다. 그러나 그는 이에 만족하지 않고 츠루사대학 법학부 야간부에 입학하여 변호사 자격증을 땄다. 이외에도 다시 공인회계사 시험을 위해 학교에 들어가 공부를 했고, 화술 교육까지 받았다. 12년 동안 공부한 결과 그의 수입은 송유관 배관공사 인부를 했을 때의 월급보다 무려 열두 배나 올랐다.

그가 성공할 수 있었던 이유는 공부를 게을리 하지 않았기 때문이기도 하지만 아내의 협조가 있었기에 가능한 일이었다. 12년간 공부를 하면서 그는 수없이 포기하고 싶은 유혹을 받았지만 그때마다 아내의 격려와 협조로 공부를 지속할 수 있었다. 그녀는 신혼 시절부터 오랜 세월 동안 남편 없는 외로움을 견뎠으며 그에 대한 불만을 토로하지도 않았다.

아무리 인내심과 배려심이 많은 아내도 남편이 공부하는 모습을 지켜보는 일은 쉽지 않다. 남편과 오붓한 시간을 보내는 다른 사람들의 모습을 보면 '이게 무슨 고생이지?' '꼭 이 고생을 해야 하나?' 하는 불만이 생기기 마련이다. 그러면 어떻게 해야 남편이 공부에 집중할 수 있게 도울 수 있을까?

자신 스스로 프로그램을 짜서 시간을 알차게 보내는 방법이 있다. 재정적인 형편만 된다면 남편과 함께 공부를 하는 것이 가장 좋겠지만 교육비를 충당하지 못한다고 해서 낙심할 필요는 없다. 조금만 노력을 기울인다면 얼마든지 시간을 유용하게 활용할 수 있다. 가령 유익한 취미생활을 한다든가 근교에 있는 도서관에 가서 책을 읽는 등 약간의 노력만 들이면 우울함도 털어 버리고 많은 지식을 습득할 수도 있다.

당신의 협조와 격려만 있다면 남편은 공부할 기회를 잡을 수 있고 성공을 할 수도 있다. 아등바등 사는 것이 과연 옳은지 의심이 들겠지만 그러한 희생 뒤에 행복이 오는 법이다.

성공을 하려면 끊임없이 공부를 해야 하고, 그러기 위해서는 아내의 협조가 무엇보다 필요하다는 점을 명심하자. 또 남편이 교육을 받기 위해 사용하는 시간과 비용은 모두 가족의 장래를 위한 투자임을 잊지 말자. 이 점을 염두에 둔다면 지금의 힘든 상황이 조금은 위안이 될 것이다.

석세스 테크닉 15

남편이 얼마나 공부에 전념하느냐에 따라 현재 혹은 장래의 행복이 좌우된다.

남편의 성공이 나의 행복과 직결된다는 것을 잊지 마세요.

살다 보면 갑자기 상황이 어려워질 때가 있다. 특히 모든 것을 남편에게 의존하는 경우에는 더욱 그렇다. 가령 중년의 남편이 갑자기 해고를 당했다고 하자. 새로운 직업을 찾기에는 변변한 지식이나 기술도 없고 나이도 많이 먹어 직장을 구하기란 하늘의 별 따기일 것이다. 남편의 월급이 수익의 전부였던 가정이 어려움에 처할 것은 불 보듯 뻔하다. 이때 아내의 역할은 그 어느 때보다 중요하다.

남편이 실직하여 곤경에 처한 경우 이를 모두 남편이 책임져야 한다고 생각하는 여성들이 많은데, 이러한 생각은 난국을 헤쳐 나가는데 전혀 도움이 되지 않는다. 남편의 마음만 더욱 무겁게 할 뿐이다. 실제로 좋은 일이든 나쁜 일이든 모든 책임을 남편이 짊어져야 하는 것이 당연하다고 생각하는 아내들 때문에 재기 불능이 된 남편들이 의외로 많다. 이런 부류의 여성들은 아내도 남편을 돕기 위해 노력하지 않으면 안 된다는 점을 간과하고 있다.

행복한 가정생활을 유지하기 위해서는 때론 아내도 남편을 도와 일을 하지 않으면 안 된다. 그러므로 예기치 않은 상황에 대비하여 생활에 도움이 될 수 있는 능력을 기르고, 어려운 상황에 처했을 때에도 수수방관하기보다는 난관을 헤쳐 나가기 위해 남편을 힘껏 도와야 한다. 미국 테네시 주의 녹스빌에 살고 있는 콜먼 부인은 그 좋은 예라고 할 수 있다.

간호사였던 그녀는 남편인 콜먼을 만나 결혼을 했는데, 신혼 초부터 야간고등학교에 다니며 일을 하는 남편을 도와 간호사 일을 계속해야 했다. 그러나 그녀는 불평을 하지 않았다. 그녀는 오히려 남편이 직장과 야간고등학교에 빠지지 않고 다닐 수 있도록 세심한 신경을 썼다. 예를 들면 그녀는 첫딸이 출생한 밤에도 자신을 병원에 데려다 준 남편을 곧바로 학교에 가게 했다. 그 덕분에 남편은 6년 동안 결석 한 번 하지 않고 공부를 할 수 있었고 미침내 그녀와 딸이 지켜보는 가운데 졸업장을 받을 수 있었다.

그녀의 남편이 주방용품을 판매하는 일을 시작할 때에도 그녀는 그를 따라다니며 일을 거들었다. 또한 남편의 부친이 세상을 떠나자 그의 형제들에게 물려준 인쇄소를 융자를 받아 형제들에게서 사들였다. 그리고 그녀는 빚을 갚기 위해 낮에는 병원에서 일을 하고 밤이나 공휴일에는 남편의 인쇄소 일을 도와주었다.

이처럼 긴급할 때 기꺼이 남편을 도와 일을 하는 여성은 현명한 아내이다. 일시적인 협력이기는 하지만 그 효과는 커서 남편에게 위안을 줄 뿐만 아니라 가정의 행복을 유지하는 데 큰 역할을 하기 때문이다. 즉, 아내가 직업을 가진다는 것은 단지 자기만족을 위한 것이 아니라 가족의 행복을 위하는 것이므로 참다운 의미에서 부부의 협력이라고 말할 수 있다.

그런데 남편을 돕는 것에 그치지 않고 때로는 모든 것을 전적으로 감당해야 할 때가 있다. 가령 남편이 일을 할 수 없을 정도로 건강이 악화되거나 사고를 당했을 때 아내는 불가피하게 모든 책임을 떠맡을 수밖에 없다. 그런데 당장 생계를 꾸려나갈 기술이나 지식을 갖추고 있지 않다면 난관을 어떻게 극복해야 할지 엄두가 나지 않을 것이다. 하지만 스탄 부인처럼 현명하게 대처한다면 어떤 상황에서든 희망을 찾을 수가 있을 것이다.

세일즈맨이었던 남편이 갑자기 병이 들어 눕는 바람에 그녀는 쌍둥이를 포함한 다섯 명의 아이와 큰 집을 유지해야만 하는 책임을 안게 되었다. 그녀는 돈을 벌 수 있는 방법을 생각했다. 그러나 그녀에게는 어떤 회사에서든 근무할 만한 기술이나 능력을 가지고 있지 않았다. 그녀가 유일하게 자신 있게 할 수 있는 일은 케이크를 만드는 일뿐이었다. 그녀는 케이크 만드는 일이 자신 스스로 돈을 벌 수 있는 유일한 방법이라고 생각했다. 그러나 그때까지만 해도 오로지 친구들을 위한 생일 케이크나 결혼식용 케이크, 파티용 케이크 등을 만들었기 때문에 자신이 없었다. 고민 끝에 그녀는 여러 친구들에게 자기가 생각하고 있는 계획을 털어놓았다. 그러자 친구들은 그녀의 생각에 적극 동조하였으며 파티를 열 때마다 케이크를 주문했다.

그녀가 정성 들여 만든 맛있는 음식과 케이크는 매우 인기가 높았다. 자연스럽게 주문이 꼬리에 꼬리를 물고 늘어났고 그녀의 사업은 곧 배달하는 사람 없이는 안 될 만큼 번창했다. 마침내 일거리가 점점 많아져 그녀는 파티용 케이크 전문 요리사로 독립할 수 있게 되었다.

부업으로 시작한 그녀의 사업은 고용인을 둘 만큼 확장되었으며 현재는 식료품점에 케이크를 납품하고 각 지역 파티요리를 도맡아 하게 되었다. 또 남편이 그녀의 일을 도와주어 부부 관계까지 돈독해졌다.

대다수의 주부들이 남편을 대신해 일을 하려면 특별한 재능이나 기술을 갖추고 있어야 한다고 생각한다. 그러나 스탄 부인처럼 사소하고 하찮다고 생각했던 능력이 난관을 극복할 수 있는 방법이 될 수 있으며 누구나 그러한 재능을 가지고 있다.

살다 보면 예기치 않았던 곤경이 닥쳐 아내가 몸소 일하지 않으면 안 될 사태가 올 수 있다. 그런데 이때 모든 책임을 남편에게 돌리는 것은 옳지 않다. 예기치 않은 상황은 말 그대로 예기치 않은 상황이다. 따라서 갑작스럽게 곤경에 처했을 때 남편을 돕고 행복한 가정을 지키겠다는 굳은 마음으로 난관을 함께 헤쳐 나가야 한다. 남편의 성공이 자신의 행복과 직결된다는 사실을 한시도 잊지 않는다면 '내가 왜 책임을 져야 해?'라는 억울한 생각을 떨쳐버릴 수 있을 것이다.

 석세스 테크닉 16

어려운 상황에 처했을 때 수수방관하기보다는 난관을 헤쳐 나가기 위해 남편을 힘껏 도와야 한다. 남편의 성공이 자신의 행복과 직결된다는 것을 잊지 말라.

오직 성공을 위해 일하는
남자의 든든한 조력자가 되어주는 방법

한 남자가 친구의 집을 찾아갔다. 남자는 기진맥진한 상태였고 몹시 침울해 보였다. 그 모습을 보고 친구는 남자에게 무슨 일이 있느냐고 물었다. 그러자 남자는 한숨을 쉬며 자신의 고민을 털어놓았다.

그는 현재 근무하는 회사의 사세 확장으로 6개월 전부터 야근을 자주 했다. 일이 매우 바빠 퇴근시간에 맞춰 귀가한 적이 열 손가락으로 꼽을 정도였다. 아내는 일에 지쳐서 돌아오는 그에게 매일 불평을 늘어놓았다. 그에게는 지금 하고 있는 업무가 무엇보다 중요한데도 아내는 그 점을 이해하지 못했다. 결국 그는 회사에 가서도 아내가 마음에 걸려 제대로 일을 할 수가 없었다.

하루가 모자랄 만큼 바쁘게 일하는 남편에게 잔소리를 해 대는 아내들이 많다. 물론 바쁜 남편 때문에 함께 식사나 대화를 할 수 없는 그들의 심정을 이해 못하는 것은 아니지만 그러한 행동은 남편에게 이중의 짐을 지우는 아주 어리석은 행동이다. 잔소리가 많은 아내를 둔 남편이 쉽게 지치게 되는 것은 당연하다.

우리가 익히 알고 있는 성공한 사람들은 대개 일벌레들이다. 그들은 하루 24시간을 일을 하는 데 쏟아 붓는 경우가 많다. 따라서 일에만 묻혀 사는 남편에게 불만이 생길 법도 한데 그들의 아내는 불평을 늘어놓지 않는다. 오히려 바쁘면 바쁠수록 남편을 더 배려하고 격려한다. 괴로운 일이지만 행복한 미래를 위해서 그 순간을 견뎌야 한다는 것을 이들은 잘 알고 있기 때문이다.

남편의 관심이 온통 일에만 쏠려 있는 상황을 견디기란 결코 쉽지 않다. 남편에게 있어 자신이 어떤 존재인지 의문이 생기고 제대로 대화조차 나누지 못하는 결혼생활에 대해 회의를 느끼게 된다. 이것은 남편을 사랑하는 아내라면 누구나 느끼는 심리적 불안이다. 하지만 남편에게 그 일이 왜 필요한지, 얼마나 중요한지를 이해하고 도울 수 있다면 그 불안은 거짓말처럼 사라진다.

성공을 꿈꾸는 남성들은 일을 열심히 한다. 역설하면 남편이 일에 몰두한다는 것은 그만큼 성공을 빨리 이룰 수 있다는 의미이다. 따라서 남편을 성공시키고자 한다면 바쁠 때일수록 든든한 조력자가 되어야 한다. 물론 처음에는 어떻게 해야 할지 엄두가 나지 않을 것이다. 그러나 다음에 열거하는 방법을 참고한다면 많은 도움을 받을 수 있을 것이다.

1) 남편의 식사를 조절하라.

먹는 횟수를 늘이고 한 번에 과식하지 않도록 해야 한다. 또 남편이 저녁을 먹고 밤늦게까지 일을 하는 경우에는 가벼운 음식을 준비하는 것이 좋다. 소화가 잘 되지 않는 음식이나 칼로리가 높은 음식은 위에 부담을 주어 일에 집중할 수 없으므로 주의한다.

2) 기분전환을 하라.

남편이 일에 몰두하게 되면 아내는 자연스럽게 고독해질 수밖에 없다. 따라서 우울증에 빠지지 않도록 기분전환을 잘 해야 한다. 남편 없이 기분전환을 하는 습관을 들이다 보면 남편에 대한 불만이나 쓸쓸함을 효과적으로 털어 버릴 수 있다. 우울함에 빠져 남편에게 짜증을 내는 아내는 남편의 일을 방해하는 최대의 적이다.

3) 친구들에게 남편의 사정을 설명하라.

남편이 일에 전념하게 되면 자연스럽게 주위 사람들과 소원해지게 된다. 따라서 남편이 일 때문에 오해를 받지 않도록 사람들에게 남편의 사정을 잘 설명해 주어야 한다. 덧붙여 진심으로 남편을 믿고 있고, 남편이 하고 있는 일에 적극 동조하고 있음을 알린다면 더욱 효과적이다.

4) 남편에 대한 당신의 믿음과 관심을 솔직히 표현하라.

남편에 대한 애정과 관심이 깊다고 해도 표현을 하지 않으면 아무 소용이 없다. 당신의 마음이 잘 전달될수록 남편은 일에 더욱 매진할 수 있다.

5) 바쁜 상황은 일시적이라는 것을 잊지 말라.

남편이 정신없이 바쁜 상황은 일시적이다. 현재의 괴로움이 커서 영원처럼 느껴질 뿐 그 고비를 잘 넘기면 예전의 생활로 다시 돌아갈 수 있다.

6) 작은 정보라도 스크랩하여 사회의 흐름을 놓치지 않게 하라.

남편의 직장과 업무에 도움이 될 만한 정보가 눈에 띄면 스크랩을 해놓아 남편의 일상에 없어서는 안 될 정보 제공자가 되라. 인터넷 검색을 통해 회사 업무에 관계된 뉴스 브리핑을 해 주는 것은 물론 최근 떠오르고 있는 이슈나 연예계 소식들에 대한 정보도 꼼꼼히 챙겨 준다.

 석세스 테크닉 17

눈코 뜰 새 없이 바쁜 남편을 배려하고 격려해 주어라. 자신과 가족에게 신경을 써 주지 않는다고 불평을 하게 되면 남편은 일에 집중하지 못한다.

맞벌이 부부의 생활 지침

1. **한 달에 한 번 가족회의를 연다** ; 자기 일에 바쁘다 보면 상대방이 무슨 생각을 하고 살아가는지 무관심해지기 쉽다. 한 달에 한 번이라도 대화를 통해 가족끼리 이해할 시간을 갖는다.

2. **남편은 일주일에 3시간씩 가사노동에 참여한다** ; 피곤과 무관심이 겹치다 보면 결국 여자 몫이 되어버리는 가사노동. 작은 데서부터 남편의 의무를 정해 두면 참여를 이끌어내기 쉽다.

3. **집안 경조사, 결혼기념일 등은 남편이 체크한다** ; 맞벌이 아내에게 경조사의 부담은 크다. 하지만 정작 남편은 제삿날이 언제인지도 모르고 있는 경우도 많다. 일손을 돕지는 못해도 날짜라도 남편이 챙기면 아내의 수고가 한결 덜어진다.

4. **성생활에 대해 솔직히 대화한다** ; 속으로 불만을 쌓지 말고 터놓고 느낌과 희망을 말하라. 상대를 이해할 초석이 될 수 있다.

5. **함께 승진 관리를 한다** ; 남편의 출세를 위해 아내가 안팎으로 희생해 온 게 현실이다. 하지만 맞벌이 한쪽의 입지를 좁히는 것은 한 가정의 발전 가능성을 반으로 줄이는 것과 마찬가지다. 대화로 일을 이해하고 상대의 경력 관리를 위해 가사분담 등에 적극 참여한다.

제3장

남자의 꿈을 이루게 하는 코치법

진정한 성공은 나에게 맞는 일을 하고
그것을 성취하는 것입니다.

　　　　누구나 작가가 될 수는 없다. 왜냐하면 사람은 제
각각 자기에게 맞는 일이 있기 때문이다. 자기에게 전혀 맞지
않는 일을 하게 되면 스트레스를 받게 되고 금방 싫증을 느껴
중도에 일을 그만두게 된다.

　진정한 성공이란 정신적·육체적·기질적으로 자신에게 맞는
일이나 사업을 위하여 일하고, 그것을 성취하는 것을 의미한
다. 남편이 당신이 바라는 모습이 아니라고 해서 못난 사람이
라고 여기는 것은 그릇된 생각이다. 남편이 자신의 일에 만족
하고 행복해 한다면 있는 그대로의 자신을 발전시킬 수 있도록
도와야 한다. 다른 사람의 높은 생활수준, 수입, 명성을 동경하
여 남편에게 익숙하지 않은 일을 하게 만드는 것은 어리석은
일이다.

물론 현재 하고 있는 일을 그만두고 직종을 바꿔 성공한 예도 있다. 그러나 그런 경우는 드물고 대개 불행한 결과를 초래한다. 호놀룰루의 경찰국에 근무하던 클리포드 슈왈츠맨의 경우도 마찬가지였다.

그의 업무는 하루 종일 차를 타고 호놀룰루 시내를 순찰하는 것이었다. 그러던 어느 날 그는 다른 곳으로 전근 명령을 받게 되었다. 전근으로 인해 수입이 늘고 직위도 올랐지만 그곳은 근무시간도 길고 일도 자신에게 맞지 않아 그는 무척이나 힘겨워 했다.

그렇지만 성실한 그는 열심히 근무를 했고, 얼마 동안은 잘 적응하는 것처럼 보였다. 그런데 점점 체중이 줄어들기 시작하고 밤에는 제대로 잠을 이룰 수 없었다. 또 걸핏하면 화를 내기 일쑤였다.

결국 심적 고통을 견디지 못한 그는 병원을 찾았다. 의사는 신체에는 아무 이상이 없으나 정신적으로 스트레스가 심해 그대로 방치하면 돌이킬 수 없는 결과를 초래할 것이라고 경고했다. 의사의 말을 들은 그는 경찰국장을 찾아가 자신의 사정을 이야기하고 예전에 근무하던 곳으로 자리를 옮겨 줄 것을 부탁했다. 다행히 경찰국장은 그의 부탁을 들어주었다. 근무지를 옮긴 그는 거짓말처럼 건강을 회복했다.

이처럼 자기에게 맞지 않는 일을 하게 되면 건강이나 행복을 바랄 수 없게 된다. 자기에게 맞는 일을 한다는 것은 어떤 물질적인 혜택과는 비교할 수 없을 정도로 값진 것이다.

아내들은 남편이 자신의 뜻대로 움직여 주면 모든 일이 순조롭게 잘 되어 가고 있고 남편이 행복해할 것이라고 착각을 한다. 물론 자신의 뜻대로 남편의 일이 순조롭게 잘 진행될지도 모른다. 그러나 남편이 행복할 것이라고 단언할 수는 없다. 허영심을 채운 아내는 행복할지 모르나 남편은 불행할지도 모른다. 20년 동안 아내의 허영심을 채우기 위해 불행하게 살았던 한 남자의 경우가 그렇다.

그는 원래 유능한 배관공으로 자신의 일에 만족하고 있었다. 그런데 그의 아내는 실속은 없을망정 그가 양복을 입고 출근하는 직업을 갖기를 바랐다. 그녀는 자기 남편이 작업복 차림으로 다니는 것을 부끄러워했다.

그는 아내의 성화에 못 이겨 결국 큰 회사에 입사하여 사무실에서 근무하게 되었다. 그리고 아내의 헌신적인 노력으로 빠르게 승진도 했다. 그렇지만 그의 수입은 배관공으로 일할 때보다 턱없이 적었다.

경제적 사정은 예전보다 못했지만 그의 아내는 남편이 양복을 입고 사무실에서 근무하는 것으로 위안을 삼았다. 그의 아내는 배관공에 불과했던 남편을 회사원으로 만들었다는 데에 큰 자부심을 느꼈으며, 그런 사실을 주위 사람들에게 자랑삼아 이야기하기를 좋아했다. 그녀는 남편이 자신처럼 행복할 것이라고 생각했다. 하지만 그는 20년 동안 한 번도 행복한 적이 없었다고 속내를 털어놓았다.

남편이 성공하기를 바란다면 남편에게 자기 의사대로 일할 수 있도록 배려해야 한다. 설사 그 일이 남들이 보기에 그럴싸하게 보이지 않더라도 남편이 만족하고 즐거워한다면 그가 그 분야에서 성공할 수 있도록 힘껏 도와야 한다. 그것이 가족 모두를 행복하게 하는 일이다.

석세스 테크닉 18

다른 사람의 높은 생활수준, 수입, 명성을 동경하여 남편에게 익숙하지 않은 일을 하게 만드는 것은 어리석은 일이다. 진정한 성공이란 정신적·육체적·기질적으로 자신에게 맞는 일이나 사업을 위하여 일하고, 그것을 성취하는 것이다.

남편의 마음속에 있는 꿈을 찾아내는 것은
아내의 책무입니다.

자신의 안위를 위해서 남편의 꿈이나 신념을 가볍게 여기는 아내들이 있다. 이들은 남편의 진심어린 소망과 신념을 돈이나 명성 등과 쉽게 맞바꾸어 버린다. 물론 남편의 꿈과 신념 때문에 많은 돈을 벌 수 있고 높은 자리에 오를 수 있는 기회를 놓쳐 버리는 것은 매우 안타까운 일이다. 그러나 앞에서도 언급했듯이 참된 성공이란 '자신에게 맞는 일을 찾아서 그것을 달성하는 것'을 말한다. 남편의 꿈과 신념을 저버리는 성공은 아무 의미가 없다.

유명 인사의 부인들은 대개 남편의 신념과 꿈을 목숨처럼 소중하게 생각했다. 구세군의 창시자인 윌리엄 부스의 부인도 자신의 안위를 생각하지 않고 남편의 신념을 목숨처럼 지킨 대표적인 여성이다.

그녀의 남편 윌리엄 부스는 런던 빈민굴의 가난한 사람들과 부랑자들에게 도움을 주는 것을 천직으로 삼았다. 자신의 아내와 자식들도 굶주림과 추위를 견뎌야 할 만큼 넉넉한 형편은 아니었지만 그는 오로지 빈민을 돕는 일에 혼신의 힘을 다했다. 결국 빈민구제를 위해 자신의 몸을 돌보지 않은 결과 그는 병에 걸리고 말았다.

그의 아내는 아픈 남편을 도와 빈민들을 위해 봉사를 했다. 어렸을 때부터 병약했던 그녀에게 만만치 않은 일이었지만 그녀는 하루도 빠짐없이 가난한 사람들을 위해 식사 준비를 하고 빨래를 했다. 또 미혼모들을 위한 수프 급여소와 탁아소를 만들었고 도둑이나 부랑자, 매춘부들의 상담자 역할도 도맡아 했다. 여덟 명의 아이들을 돌보는 일뿐만 아니라 남편의 빈민 구제 사업까지 돌보던 그녀는 결국 폐에 이상이 생겼고 나이가 들어서는 암까지 걸리게 되었다. 그러나 그녀는 병원에 눕는 그 순간까지 남편의 꿈과 신념을 위하여 열심히 일을 했다.

그러던 어느 날 장로회의에서 이들 부부의 성실성과 봉사정신을 높이 사서 더 이상 고생하지 않을 수 있는 방도를 마련해 주었다. 이 제안을 받은 윌리엄 부스의 아내는 펄쩍 뛰며 거절을 했다. 그것은 남편을 위하여 어떤 모험도 마다하지 않는 그녀의 의지와 정신을 과소평가하는 행위였고, 무엇보다 남편의 신념에 반하는 일이었기 때문이다.

장례식 때 6만 5천 명이 넘는 많은 사람들과 런던시장을 비롯한 유럽의 국왕들, 미국대통령이 보낸 조화가 헌화될 만큼 윌리엄 부스가 존경받을 수 있었던 것은 남편의 신념을 자신의 목숨처럼 소중하게 지켰던 아내의 도움이 있었기에 가능했다.

윌리엄 부스의 신념은 세인들이 보기에 성공과는 거리가 먼 것이었다. 하지만 그의 아내는 남편의 꿈과 신념을 위해 기꺼이 자신을 희생했다. 그 결과 남편은 영국뿐만 아니라 전 세계인의 존경과 사랑을 받는 인물이 되었고 아직까지도 그의 정신은 이어지고 있다.

사람들은 대개 성공이란 돈을 많이 벌고 높은 자리에 오르고 이름을 널리 알리는 것이라고 생각한다. 그래서 많은 아내들이 남편들에게 일반적인 의미의 성공을 이루도록 재촉한다. 하지만 진정한 성공이란 남편이 진심으로 좋아하는 일을 하고 그것을 통해 만족감과 행복을 느끼는 것이다. 아무리 돈을 많이 벌고 높은 직위에 있다 하더라도 남편의 신념이 담겨 있지 않은 성공은 허깨비에 불과하다.

남편의 마음속에서 꿈을 찾아내는 소중한 일을 하는 사람은 아내이다. 성공하는 남자는 어렸을 때 가졌던 꿈을 늘 지키려고 노력한다. 순수함을 잃지 않고 일이 잘 될 때나 못 될 때나 그 꿈을 포기하지 않는다.

그러므로 남편의 일이 자신의 안위에 그다지 도움이 되지 않더라도 진심으로 그가 바라는 꿈이고 신념이라면 이를 소중히 여기고 힘껏 도와야 한다. 그것이 진정으로 남편을 성공시키는 길이고 행복하게 하는 일이다.

석세스 테크닉 19

남편의 일이 자신의 안위에 그다지 도움이 되지 않더라도 진심으로 그가 바라는 꿈이고 신념이라면 힘껏 도와야 한다. 그것이 진정으로 남편을 성공시키는 길이고 행복하게 하는 일이다.

모험을 두려워하지 말고
하고 싶은 일을 할 수 있도록 도와주세요.

어떤 사람이든 불안정한 상태보다 안정적이고 평
화로운 생활을 원한다. 그러나 어떤 분야에서든 성공하려면 안
일하게 현실에 안주해서는 안 된다.

남편을 성공시키고자 한다면 어떤 모험도 마다하지 않는 굳
센 정신을 가지고 있어야 한다. 비록 남편이 하는 일이 다소
위험성이 있는 일이라 할지라도 남편이 가장 좋아하는 일에 서
슴지 않고 뛰어들 수 있도록 도와야 한다.

미국 캔자스 주에서 농사를 짓던 한 할아버지가 인디애나 지
방으로 이주를 결심했다. 그때까지 나름대로 안정적인 생활을
하던 할머니는 할아버지의 결정에 잠시 망설였지만 기꺼이 할
아버지를 따라 낯선 땅으로 이사를 했다.

인디애나 지방에 도착한 그들은 먼저 통나무집을 짓고 약간

의 땅을 개간했다. 그리고 이웃에서 돈을 빌려 구멍가게를 열었다. 궁핍하고 암담한 생활이었지만 할머니는 아홉 명의 아이들을 키우며 갖은 고생을 견뎌 냈다.

그곳에서의 생활은 모험의 연속이었다. 하지만 할머니는 두려워하지 않고 할아버지를 물심양면으로 도왔다. 그 결과 할아버지와 할머니는 많은 돈을 벌었고 아이들도 모두 결혼하여 행복하게 살았다.

만일 할머니가 편안한 생활에 미련을 두고 모험을 주저했다면 어떻게 됐을까? 할아버지는 자신이 하고 싶은 일도 하지 못했을 뿐 아니라 가난에서 벗어나지도 못했을 것이다.

우리 주변에는 자신의 안위만을 생각한 나머지 남편의 성공을 방해하는 아내들이 수없이 많다. 그들은 수많은 이유를 대며 남편의 발목을 붙잡으려 한다. 위험을 감수할 생각도 없으면서 남편이 성공하기를 바란다. 이 얼마나 이기적인 생각인가? 모험을 두려워하는 아내로 인해 성공할 기회를 놓치고 만 한 남자의 예를 들어 보겠다.

그는 자동차 수리업을 시작할 자금을 마련하기 위해 한 회사에 회계를 담당하는 직원으로 들어갔다. 그런데 그의 아내는 집을 장만할 때까지 남편이 지금 근무하고 있는 직장에 계속 다니기를 바랐다. 그는 아내의 부탁을 차마 거절하지 못하고 집을 구입할 자금을 마련할 때까지 자신의 꿈을 뒤로 미룰 수밖에 없었다.

몇 년이 지난 후 그는 집을 구입할 자금을 마련하게 되었다. 그러자 이번에도 아내는 남편이 혼자서 사업을 시작하는 것은 무모한 일일 뿐만 아니라 앞일은 장담할 수 없다며 계속 직장에 다니기를 바랐다. 결국 그는 아내의 간절한 부탁에 자신의 꿈을 포기하고 말았다.

매월 나오는 월급으로 그는 생활을 유지해 나갈 수는 있었지만, 아내 때문에 성공할 수 있는 기회를 안타깝게 놓치고 말았다. 만일 아내가 "그 일을 시작했다가 잘못되면 그 뒷감당을 어떻게 하겠느냐?"라며 모험을 두려워하지만 않았다면, 그는 자동차 수리업으로 성공할 수도 있었으며 설사 실패를 하더라도 지금처럼 후회하면서 살지는 않을 것이다.

남편이 그 일을 싫어하는 것을 뻔히 알면서도 수입이 좋고 안정적이라는 이유만으로 무조건 그 일을 그만두지 못하게 한다는 것은 잘못된 생각이다. 남편이 성공하고 행복하기를 바란다면 진심으로 좋아하는 일을 할 수 있도록 남편을 배려해야 한다. 물론 남편이 좋아하는 일을 한다고 해서 반드시 성공이 보장되는 것은 아니다. 그러나 자신이 만족하지 못하는 일로 성공할 수 없다는 것은 분명한 사실이다.

남편을 성공시키려면 인생의 성패를 건 큰 모험을 두려워하지 말아야 한다. 남편이 하고 싶어 하는 일을 할 수 있도록 격려하고 물질적인 이익이나 당장의 명성 같은 것에 연연하지 않는 아내를 둔 남편은 세상 어느 누구보다 든든한 조력자를 가진 사람이다.

 석세스 테크닉 20

남편이 하는 일이 다소 위험성이 있더라도 남편이 가장 좋아한다면 서슴지 않고 뛰어들어 일에 매진할 수 있도록 도와야 한다.

특수한 직업의 남자라면
그 직업의 성향을 이해하려 노력하세요.

세상에는 우리가 상상하지 못할 만큼 수많은 직업이 있다. 일하는 시간도 다양해 낮에 일하는 사람이 있는가 하면 모두 잠든 밤에 일을 시작하는 이도 있다. 가령 택시기사, 승무원, 비행사, 연기자, 작가 등등 특수한 분야에 종사하는 사람들은 일반인과 생활패턴이 다르다.

그래서 일반적으로 평범하지 않은 특수 직업을 가진 남편을 둔 아내는 남편의 성공과 행복한 결혼생활을 위해 다른 사람보다 더 많은 융통성과 참을성을 가지고 있어야 한다. 남편의 직업에 대한 특수성을 이해하지 못하면 자칫 남편의 성공을 방해하는 존재가 될 수 있다. 실제로 우리 주변에서 그런 아내들을 많이 볼 수 있다.

유명한 관현악단의 연주자인 한 남자가 있었다. 연주회가 주로 밤에 열려 불편한 점이 없지는 않았지만 그는 자기 일에 만족했다. 게다가 고액의 보수를 받기 때문에 그는 즐겁게 일을 했다.

그런데 그의 아내는 밤에 일하는 남편의 직업이 마음에 들지 않았다. 그래서 그와는 전혀 맞지 않는 가정용품 판매사원이 되기를 원했다. 결국 그는 아내의 성화에 못 이겨 직업을 바꾸었다. 그 결과 수입은 줄어들었고 일에 대한 즐거움도 맛볼 수 없었다. 그는 성공도 하지 못했을 뿐만 아니라 결혼생활도 위기를 맞았다.

많은 여성들이 배우나, 가수, 음악가 등등 소위 인기 직업의 유명한 남성과 결혼하기를 바란다. 그러나 유명인의 아내로 살아간다는 것은 겉보기와 달리 쉽지 않다. 부러울 게 없어 보이지만 그 이면에는 어려운 문제들이 많다. 유능한 뉴스 진행자이자 작가이면서 웅변가로 유명한 로엘 토머스 부인의 삶은 유명인의 아내로 살아가는 것이 결코 수월하지 않은 일임을 잘 설명해 준다.

제1차 세계대전 직후, 그녀는 '아라비아 로렌스'와 '파스티나 분쟁'에 대하여 강연하러 다니는 남편을 따라 세계 곳곳을 돌아다녔다. 그녀는 남편을 도와주기 위해 여러 가지 일을 도맡았다. 그것은 뛰어난 재능을 갖추고 있지 않으면 불가능한 일이었다.

고향인 미국에 정착하고 나서도 그녀는 제대로 휴식을 취할 수가 없었다. 탐험가나 비행사, 군인 등등 남편이 저술한 책에 등장하는 저명인사들의 끊임없는 방문을 받아야 했기 때문이다. 그들 부부의 집은 주말에는 항상 50~200여 명에 달하는 손님들로 북적거렸다.

남편이 탐험이나 취재로 집을 비울 때도 마찬가지였다. 전쟁이나 혁명이 일어난 지역으로 취재를 나가거나 험준한 곳으로 탐험을 갈 때면 그녀는 걱정으로 잠을 이룰 수 없었다. 실제로 그녀의 남편은 취재 중 치명상을 입은 적이 여러 차례 있었고 티베트의 산악지방을 여행하다가 중상을 입고 20여 일 동안 연락이 두절된 적도 있었다. 더구나 외아들마저 아버지와 같은 길을 걸었다. 그녀는 전쟁이나 폭동이 한창인 나라에 있는 남편과 아들의 안전을 걱정하느라 하루도 마음 편하게 잠을 이루지 못했다.

만일 당신이 그녀라면 그 중압감을 견뎌 낼 수 있었겠는가? 그래도 당신은 유명한 사람의 아내가 되는 것이 좋다고 생각하는가?

뛰어난 능력을 가진 사람의 아내가 되려면 자신 역시 유능한 여성이 되어야 한다. 마찬가지로 특수한 직업을 가진 남편을 둔 아내는 남편의 직업과 성향을 이해하려고 노력하지 않으면 안 된다. 이를 게을리 하면 남편의 성공뿐만 아니라 결혼생활까지 흔들리게 된다.

어떤 아내라도 남편과 함께 하고 싶은 욕구를 가지고 있다. 하지만 특수한 직업을 가진 아내는 남편의 시간을 독점할 수 없다는 사실을 깨달아야 한다. 상황을 냉정하게 직시하고 이해하여 남편이 실천 가능한 한계 내에서 생활하도록 노력해야 한다. 그렇지만 평소 남편의 직업에 대해 불만을 가지고 있던 사람이 갑자기 남편의 직업의 특수성을 이해하고 순응하기는 쉽지 않다. 이때 다음의 원칙을 적용한다면 어느 정도 도움이 될 것이다.

1) 만일 상황이 일시적인 경우라면 인내하라.

불만족스러운 상황이 곧 끝난다는 사실을 염두에 둔다면 어떤 일이든 참고 견딜 수 있을 것이다.

2) 상황이 반영구적일 경우에는 개선할 수 있는 방법을 연구하라.

자신에게 주어진 상황 속에서 불만을 해소할 수 있는 방법과 즐거움을 찾는다면 괴로움이 줄어들 것이다.

3) 남편의 성공이 곧 당신의 성공과 직결됨을 명심하라.

남편의 성공을 위한 일이라는 점을 염두에 둔다면 어떤 상황이든 적응해 나갈 수 있을 것이다.

4) 세상에는 완전한 만족이란 없음을 기억하라.

어떤 상황이든 장점과 단점이 있는 법이다. 현재의 생활이 마음에 들지 않는다고 불평하는 사람은 누구나 부러워하는 이상적인 환경에 있어도 결코 만족하지 못한다.

남편이 잘 되기를 바란다면 남들이 쉬는 시간에 일을 한다고, 특수한 직업을 가졌다고 남편의 일에 대해 불평해서는 안 된다. 필요하다면 기꺼이 그 상황에 자신을 적응시키는 것이 현명한 아내의 의무이다. 만일 자신만의 만족을 위해 남편에게 직업을 바꿀 것을 추궁한다면 모든 것을 잃을 수도 있다.

석세스 테크닉 21
평범하지 않은 특수 직업을 가진 남편을 둔 아내는 남편의 성공과 행복한 결혼생활을 위해 다른 사람보다 많은 융통성과 참을성이 필요하다.

혼자 내버려두는 것이
가장 편하게 일할 수 있게 하는 방법입니다.

아침마다 회사에 출근하는 남편을 돕는 것도 힘든 일이지만 집에서 일하는 남편을 둔 아내의 고충도 만만치 않다. 종일 집에서 남편이 일을 한다고 상상해 보라. 남편이 집에서 일을 하게 되면 걸음걸이도 조심해야 하고, 하고 싶은 말도 꾹 참아야 하며, 친구들을 초대할 수도 없다. 항상 남편을 신경 쓰며 생활해야 한다. 물론 집에서 일하는 남성과 결혼을 하지 않으면 이와 같은 상황을 피할 수 있다. 그러나 사람의 일이란 한 치 앞도 볼 수 없는 법이다. 설사 당신이 회사에서 일하는 남성과 결혼을 했다 하더라도 갑자기 남편이 집에서 일하는 상황이 벌어질 수도 있다.

집에서 일하는 남편을 돕는 일은 힘들다. 그러나 남편에 대한 진심어린 애정을 가지고 자신이 원하는 바를 이루고자 하는 희망을 버리지 않는다면 누구나 해낼 수 있다. 카자린 기리스 부인은 그 산증인이라 할 수 있다.

그녀의 남편은 한 방송국 교향악단의 작곡자이자 프로듀서이다. 그가 작곡한 교향곡은 미국뿐만 아니라 유럽의 거의 모든 교향악단에 의해서 연주되었으며, 아서 휘들러나 알트로 토스카니와 같은 명지휘자에 의해 지휘된 적도 있었다. 그는 대개 집에서 작곡을 했다. 그리고 2층에 서재가 있었지만 그는 식탁에서 일하기를 좋아했다. 식탁은 가족들이 자주 드나드는 곳으로 세심한 주의가 필요한 곳이었지만 그녀는 그 점을 조금도 싫어하지 않았다.

그녀는 가사뿐만 아니라 남편에게 도움이 되는 일에 신경을 썼다. 남편에게 맛있는 음식을 만들어 주고 과식을 하지 않도록 식사량을 조절했다. 또 두 아이들이 남편을 방해하지 않도록 했으며, 매니저 역할까지 도맡았다. 그녀는 남편이 어떤 계약을 체결하는 것이 유리한지, 수입 중에 얼마나 저축을 하고 투자는 어디에 할 것인지, 어떤 옷을 구입할 것인지 등등 남편이 일 이외에는 신경 쓰지 않도록 했다. 그녀에게 남편에 대한 애정과 그의 성공을 바라는 마음이 없었다면 불가능한 일이었다.

우리는 집에서 일하는 남편 때문에 괴로워하는 여성들을 종종 본다. 그들은 한결같이 남편의 일을 방해하지 말아야 한다는 점을 잘 알면서도 어떻게 대처해야 할지 난감해 한다. 어떤 이는 남편이 가장 편하게 일할 수 있도록 하는 방법은 혼자 내버려 두는 것이라고 말한다. 물론 이 말도 틀리지는 않다. 남편 혼자 집에 있게 되면 방해할 사람이 없어 조용할 것이기 때문이다. 그러나 이것은 엄밀하게 말하면 돕는 것이 아니라 신경 쓰고 싶지 않아 내버려 두는 것이다. 남편에 대한 애정이 깊고 성공하기를 간절히 바라는 아내들은 남편이 식사를 거르거나 과로를 하게 만들지 않는다. 이들은 남편이 일에 집중할 수 있는 환경을 만들고 옆에서 남편을 보살핀다.

남편이 성공하기를 원한다면 집에서 일하는 남편을 둔 아내는 회사에 다니는 남편을 둔 여성들과는 다른 특별한 내조 방법을 터득해야 한다. 회사에 다니는 남편을 대하듯 하면 당신이 원하는 바를 이룰 수 없다.

다음에 제시하는 규칙은 집에서 일하는 남편을 둔 여성들에게 도움이 되는 것들이다.

1) 가능한 한 마음을 편안하게 먹고 자신의 일에 전념해야 한다.

남편을 돕고 싶다는 생각에 남편이 무엇을 하고 있는지 궁금해 하거나 도움이 필요하지는 않은지 말을 거는 여성들이 있는 데, 이러한 행동은 오히려 남편이 일에 전념할 수 없게 만든다. 따라서 남편에 대해 쓸데없는 참견을 하기 보다는 그 시간에 자신의 일에 전념하는 것이 자신을 위해서나 남편을 위해서 현명한 방법이다.

2) 남편에게 가사를 도와달라고 요구하지 않는다.

집에서 일하는 남편을 둔 아내들이 가장 많이 저지르는 실수 중 하나가 남편에게 가사를 도와달라고 부탁을 하는 것이다. 초인종이 울렸으니 나가 보라든가, 아기를 안아 달라든가 등의 일로 남편의 일을 방해한다. 그러나 남편이 밖에서 일을 할 때처럼 그런 일은 모두 아내의 몫이다. 긴급한 사태가 발생하지 않는 한 이 규칙을 어겨서는 안 된다.

3) 집 안을 잘 정리한다.

일이 순조롭게 진행이 안 되어 초조해질 때 집 안이 어수선하면 더욱 신경질적이게 된다. 아내는 그가 집 안 분위기로 기분을 망치는 일이 없도록 노력해야만 한다.

4) 남편의 상황에 맞춰 사교 모임을 적절히 조절해야 한다.

친구들을 초대해도 남편을 방해하지 않을 만큼 집이 넓다면 상관이 없겠지만 만일 그렇지 않을 경우에는 가급적 집에서 모임을 열지 않는 것이 좋다.

5) 집 안에서 아이들이 마음껏 놀 수 있는 시간을 마련해야 한다.

남편의 일을 방해하지 않기 위해 한창 뛰어놀 아이들을 조용히 있으라고 하는 것은 무리다. 가정을 행복하게 하기 위해서는 모든 가족의 권리가 존중되어야 한다. 만일 남편 하나로 모든 가족이 희생해야 한다면 이것은 남편을 위해서나 가족을 위해서나 바람직하지 않은 일이다. 따라서 남편의 양해를 구해 아이들이 마음껏 뛰어놀 수 있는 시간을 마련해야 한다.

석세스 테크닉 22
집에서 일하는 남편을 돕는 일은 힘들다. 그러나 남편에 대한 진심 어린 애정을 가진다면 누구나 능히 해낼 수 있다.

성공을 효과적으로 도우려면
남편의 주변인들과 친해지세요.

'여자에게는 어머니만큼 자기편을 들어주는 이가 없고, 남자에게는 비서만한 절대적인 동지가 없다'는 말이 있다. 실제로 훌륭한 비서들은 상사의 이익을 위해 어떠한 노력도 아끼지 않는다. 상사가 일하는 데 신경을 쓰지 않도록 그의 의향을 잘 살피며 만족할 수 있도록 세심한 부분까지 하나하나 체크하며 성심으로 돕는다.

비서는 손님 접대에서부터 스케줄 관리까지 하는 일이 많다. 만일 비서가 없다면 상사는 자신의 일을 원활하게 해 나갈 수가 없다. 즉, 유능한 비서는 상사의 성공을 돕는 매우 중요한 협조자 역할을 한다.

그런데 주변을 살펴보면, 남편의 비서를 아무런 이유 없이 질투하는 아내들이 있다. 그러나 이러한 행동은 남편의 성공에 전혀 도움이 되지 않는다. 비서와 아내는 모두 한 남자의 성공을 돕는다는 취지의 공통적인 목적을 가지고 있다. 두 사람 모두 궁극적으로 상사나 남편의 성공에 이해관계를 가지고 있다는 이야기다.

따라서 만일 이 두 사람이 라이벌이 되는 대신 공동의 목표를 향해 일하는 협력자가 된다면 남편을 성공시키는 데 두세 배의 효과를 거둘 수 있다.

그러나 이를 염두에 두더라도 실제로 아내와 비서는 원만한 관계를 유지하기가 힘들다. 서로 상대편의 공헌도나 영향력을 은근히 질투하는 경우가 많기 때문이다. 비서는 아내를 이기적이라든가 매사에 지나치게 참견한다고 생각하고, 아내는 남편이 다른 여자를 신뢰하고 있다는 것에 대해 불안감을 느낀다. 하지만 앞에서도 언급했듯이 비서의 도움 없이는 남편의 성공을 기대하기는 힘들다. 그러므로 비서와 마찰 없이 원만한 관계를 유지하기 위해 힘써야 한다.

서로가 원만한 관계를 유지하기 위해서는 아내의 태도가 무엇보다도 중요하다. 아내가 어떻게 처신하느냐에 따라 비서를 아군으로도 적군으로도 만들 수 있다.

그렇다면 어떻게 하는 것이 비서를 자신의 협조자로 만들 수 있을까?

1) 남편이 비서와 함께 일을 하고 있다는 사실에 기뻐하라.

아내가 보기에 남편이 훌륭한 인물이라고 해서 비서도 그럴 거라는 법은 없다. 비서는 항상 자신의 상사를 냉정한 눈으로 바라보기 때문이다. 실[제로 자기 상사를 끔찍이 위하고 따르는 비서는 흔치 않다. 그러므로 밤늦게까지 남편과 일을 하는 비서를 이유 없이 질투하거나 비방해서는 안 된다.

주위에서 보면 야근을 하는 남편과 비서의 관계를 의심하고 이해하지 못하는 아내들이 있는데, 이러한 행동은 악영향을 미쳐 남편의 성공에 방해가 될 수 있다. 따라서 오히려 남편이 비서와 함께 일을 하고 있다는 사실을 기뻐해야 한다. 그 이유는 비서가 자기 대신 남편이 일에 매진할 수 있도록 밤늦도록 옆에서 챙겨 주기 때문이다.

2) 비서를 질투하지 말라.

애교 있고 예쁘게 몸치장한다는 이유만으로 비서를 질투하는 아내들이 있다. 그러나 직장에 나가는 여성들이 애교를 부리고 옷차림에 신경 쓰는 데는 다 그럴 만한 이유가 있다. 만일 여직원이 직장에 단정치 못한 모습으로 나가고 직장 동료나 상사들을 퉁명스럽게 대한다고 생각해 보라. 다른 사람보다 돋보이고 싶다는 욕구 이전에 이것은 직장에 다니는 일원으로서 갖취야 할 기본적인 예의이다.

몇몇 여성들은 질투가 극에 달한 나머지 비서가 멋진 옷을 입고 남자에게 애교나 부리면서 월급을 타 가는 존재라며 비하한다. 그러나 비서는 가장 가까이에서 남편을 도와주는 중요한 존재이다. 따라서 애교 있고 예쁜 비서를 질투할 시간에 자신을 가꾸는 데 노력을 기울이는 것이 현명하다.

3) 비서를 사사로운 일에 부려서는 안 된다.

주위를 보면 남편의 비서에게 매우 사적인 심부름을 시키는 여성들이 있다. 이들은 영화티켓 예매, 물건 구입 등 개인적인 일을 서슴없이 시킨다. 그러나 이러한 행동은 옳지 않다. 유능한 비서에게 망신을 당할 수 있을 뿐 아니라 설령 비서가 그 요구를 들어준다 하더라도 결과적으로 남편에게 쏟아야 할 귀중한 시간을 빼앗는 꼴이 되기 때문이다.

물론 비서는 상사의 개인적인 일을 해야만 한다. 그러나 비서는 상사의 지시가 없는 한 움직일 필요가 없다. 즉, 비서는 상사의 아내가 시키는 사사로운 일을 하기 위해 고용된 사람이 아니라는 뜻이다. 따라서 비서와 원만한 관계를 유지하려면 이 점을 향상 명심해야 한다.

4) 비서에게 지나치게 허물없이 대하거나 혹은 엄하게 대하지 않는다.

'비서는 고용인이고 자신은 상사의 아내'라는 점을 노골적으로 나타내는 아내들이 있다. 그러나 이러한 거만한 태도는 자신에 대한 가치를 깎아내릴 뿐만 아니라 남편의 성공을 방해하는 행동이다. 잘난 척하고 거들먹거리기보다는 비서를 한 인간으로서 존중해야 한다.

지나치게 허물없이 대하는 것 또한 비서에게 불쾌감을 준다. 친밀감을 가지고 한 행동이라 하더라도 자존심에 상처를 줄 수 있다. 그러므로 비서를 대할 때 양식 있는 태도를 취하도록 각별히 유의해야 한다.

5) 비서가 직무 이외의 일에 특별히 신경 써 주었을 때는 감사의 뜻을 전한다.

자신이 특별하게 부탁을 하지 않았는데 비서가 스스로 알아서 남편을 돕는 경우가 있다. 이때는 적절하게 감사의 표현을 하는 것이 좋다. 가령 전화를 걸어 고맙다고 진정성 있게 인사를 하거나 정성어린 조그만 선물을 보낸다든가 하는 식으로 호의에 보답한다.

물론 남편을 세심하게 챙겨 주는 비서를 탐탁지 않게 생각할 수도 있다. 그러나 섣부른 상상으로 비서와 남편 사이를 의심하거나 질투를 해서는 안 된다. 비서와 원만한 관계를 유지하는 것이 남편을 돕는 일 중의 하나라는 점을 명심하고 비서가 남편을 위해 협력할 수 있도록 도와야 한다.

석세스 테크닉 23

비서와 아내는 모두 한 남자의 성공을 돕는다는 공통적인 목적을 가지고 있다. 비서와 친해져라. 남편을 성공시키는 데 두세 배의 효과를 거둘 수 있다.

남자의 성공에 여자가
얼마나 큰 영향을 미치는지 심사숙고하세요.

정든 곳을 등지고 모든 것이 낯선 타지로 떠난다는 것은 대단한 용기와 결단 없이는 불가능한 일이다. 그러나 익숙한 환경에서 벗어나기 싫어서 남편을 옭아매는 행동을 해서는 안 된다. 남편의 성공을 바란다면 어떤 곳이든 기꺼이 따라나서야 한다.

지금 살고 있는 곳을 떠나기 싫어 남편의 성공을 방해하는 아내들을 주변에서 심심치 않게 목격할 수 있다. 실제로 현재 근무하고 있는 도시를 떠나고 싶어하지 않는 아내 때문에 애써 얻은 승진의 기회를 잃게 된 유능한 사원이 있다. 그 사원의 아내는 부모, 친척, 친구 등 익숙한 존재들이 많은 정든 곳을 떠나서 살 수 없다는 이유로 두 번 다시 찾아오지 않을 기회를 차 버린 것이다.

남편이 직장에 다닌다면 불가피하게 전근 발령을 받는 경우가 생기게 되고, 그에 따라 부득이하게 낯선 곳으로 가야 할 경우가 있다. 특히 발령이 잦은 직업을 가진 남편을 둔 아내는 두말할 나위도 없다. 어쨌든 낯선 곳으로 발령을 받을 가능성이 있는 사람은 남편의 성공을 위해서 정든 곳을 떠나야 하는 괴로움을 꿋꿋하게 이겨 내야 한다. 하지만 막상 자신의 처지가 되면 받아들이기가 만만치 않다.

그러면 어떻게 대처를 하는 것이 현명한 방법일까? 해군 남편을 둔 레오널드카슈너 부인의 일화는 이에 대한 적절한 답을 주고 있다.

그녀의 남편은 해군 현역으로 소집이 되어 어쩔 수 없이 새로 지은 집을 등지고 아이들과 함께 정든 곳을 떠나게 되었다. 현재 살고 있는 곳에 대한 남다른 정을 가지고 있었던 그녀는 아이들을 데리고 다른 지방으로 가야 하는 자신의 신세가 불행하다고 생각했다. 2년 동안 낯선 곳에서 보낼 생각을 하니 끔찍하기까지 했다.

그녀는 침울한 기분으로 남편이 발령받은 주둔지로 이사를 했다. 그녀는 그곳에서 많은 변화를 겪었다. 처음에는 낯설고 불편해서 잘 적응하지 못했으나 여러 계층의 사람들을 만나면서 사귀고 그들로부터 살아가는 데 필요한 많은 지식과 지혜를 배우면서 그녀는 과거에는 맛보지 못했던 기쁨을 느꼈다. 그리고 생활이 다소 불편하더라도 그런 것쯤은 미래를 위해 참아야 한다는 것을 알았으며, 행복한 가정은 물질의 풍요에서 오는 것이 아니라, 이웃과 더불어 살며 그들에 대한 사랑과 이해, 괴로움을 즐거움으로 바꿀 수 있는 긍정적인 사고에서 비롯된다는 것을 깨달았다.

남편의 예기치 않은 전근 발령이 불만스럽더라도 남편이 성공하기를 바란다면 결코 자신의 안위 때문에 남편의 장애가 되어서는 안 된다.

이런 경우에 지혜롭게 대처하기 위해서 다음과 같은 네 가지 충고를 마음속에 간직하기 바란다.

1) 새로운 곳이 지금까지 살았던 곳과 같을 것이라고 생각하지 말라.

많은 여성들이 남편의 발령지에 가서 잘 적응하지 못하는데, 이는 모든 것이 낯설기 때문이기도 하지만 지금까지 살던 곳과 다르다는 사실을 받아들이지 못하기 때문이다. 특히 남편이 좌천을 당해 낙후된 지역으로 발령을 받았을 경우에는 크게 낙심하여 하루하루를 한숨으로 보낸다.

그러나 어느 곳이든 승진이나 재기할 수 있는 기회를 잡을 수 있도록 도와야 한다. 사람도 저마다 각기 다른 개성을 가지고 있듯 남편의 발령지도 전에 살던 곳과 다르다는 점을 인정한다면 누구나 그 기회를 잡을 수 있다.

2) 불편해졌다고 실망하지 말라.

여성들은 대개 남편이 승진을 하여 발령을 받았다 하더라도 현재 살고 있는 곳보다 낙후된 곳으로 이사를 하면 실망을 하게 된다.

그러나 남편의 장래를 위해서는 이것을 좋은 기회로 삼아야 한다. 실제로 자신이 생각하는 것과 달리 낯선 곳에서는 배워야 할 것들이 많다. 그러므로 불편해졌다고 실망하기보다는 낯선 곳의 좋은 점을 찾기 위해 최선을 다하라. 그러면 의외의 좋은 결과를 얻을 수 있다.

초청 강연을 많이 하는 남편을 둔 한 여성은 이러한 경험을 한 적이 있다.

어느 해 여름, 그 여자는 대학 강의를 나가게 된 남편을 따라 와이오밍에 이사를 가게 되었다. 그런데 적당한 집을 구하시 못한 그들 부부는 어느 초라한 집에서 지내게 되었다. 몹시 못마땅했지만 어쩔 수가 없었다.

하지만 언제까지나 불편하다고 불평만 하고 있을 수는 없었다. 결국 불가피한 상황이라면 순응하기로 마음을 먹었다. 그 랬더니 그때까지 발견하지 못했던 그곳 생활의 장점이 눈에 보 이기 시작했다. 그것은 인생에서 가장 가치 있는, 감사하지 않 으면 안 될 경험이었다.

그 마을은 비록 낙후되었지만 깨끗했고 이웃 사람들이 모두 친절한 곳이었다. 특히 아이들을 기르면서도 학교에 다니며 공 부를 하는 어느 젊은 부부의 모습은 그들 부부에게 큰 감명을 주었다. 그들은 시간적으로나 경제적으로 여유가 없음에도 불 구하고 그 상황에 만족해하며 즐겁게 지냈다. 그들을 보자 현 재의 생활에 만족하지 못하고 불평을 늘어놓았던 자신들이 부 끄럽게 느껴졌다. 성공과 행복은 마음먹기 나름이라는 사실을 깨닫게 되었다.

3) 새 생활에 적응할 수 있도록 노력하라.

현재의 생활과 이별하는 것이 섭섭하다 하더라도 남편을 믿 고 따르기로 했으면 새로운 곳에 적응하기 위해 최선을 다해야 한다. 이를 게을리 하거나 방치하면 남편의 성공을 방해한다. 실제로 이를 게을리 하여 남편에게 찾아온 좋은 기회를 놓치는 아내들이 많다.

남편이 한 지역의 공장 책임자로 전근 발령이 나자 식구들은 남편을 따라 그곳으로 이사를 갔다. 그 전근은 남편이 오랫동안 학수고대했던 승진 발령이었다. 그런데 아내는 그곳에서 하루도 견디지 못하고 이내 짐을 싸서 예전에 살던 곳으로 돌아와 버리고 말았다 그로 인해 남편은 어쩔 수 없이 직장 상사에게 전에 근무하던 곳으로 돌아가겠다고 애원을 하지 않으면 안 되었다.

남편의 전근에 따른 변화에 적응하려고 스스로 노력했다면 아내가 남편의 성공을 방해하는 결과는 초래하지 않았을 것이다. 그러므로 남편의 성공과 장래를 위한다면 마음에 들지 않는다고 무조건 불평하지 말고 낯선 곳에 적응하도록 최선을 다해야 한다.

4) 과거는 잊고 새로운 기회를 잘 이용하라.

과거에 살던 곳에 대한 집착이 강한 나머지 새로운 곳의 불만을 개선하고자 하는 노력을 게을리 하는 사람이 있다. 그러나 살다 보면 좋은 일만 일어날 수는 없다. 자신이 원하지 않은 일이 생길 때마다 도피하게 된다면 어떤 곳에서든 만족을 느낄 수 없다.

남편의 성공과 가족의 행복을 바란다면 과거는 가급적 빨리 잊어야 한다. 그리고 새로운 곳에 적응하기 위한 방법을 찾아야 한다. 생각하기에 따라서 낯선 곳에 대한 불만은 새로운 기회가 될 수도 있다.

미국의 오클라호마 주에 살고 있는 와트슨 부인은 낯선 곳에서의 생활에 대해 불평을 하는 대신 자신과 가족을 위해 무엇을 할 것인가를 먼저 생각하여 기회를 잡은 대표적인 사례라고 할 수 있다.

그녀의 남편은 지구물리학자로 한 석유회사에서 근무를 했는데, 직업상 세계 여러 곳을 돌아다녀야만 했다. 한곳에 정착하지 못하는 상황이 아내로선 마음에 들지 않았지만 어쩔 수 없는 일이었다.

그러던 어느 날, 그녀는 문득 과거에 연연하는 것은 어리석은 행동이라고 생각을 했다. 이것이 피할 수 없는 불가피한 일이라면 기회로 받아들이자고 결심했다. 그녀는 어떤 곳에든 자신을 발전시킬 수 있는 기회가 있다고 믿었다. 실제로 남편을 따라간 곳에는 그녀나 아이들에게 도움이 되는 것이 많았고, 그것은 살아가는 동안 큰 재산이 되었다.

우리가 알고 있는 많은 회사들이 남편이 외국 파견 근무나 발령을 받았을 경우 부인이 따라갈 수 있는지 없는지를 중요하게 생각한다. 이는 남편의 성공에 아내가 얼마나 큰 영향을 미치는지를 증명하는 예이다.

그러므로 만약 당신의 남편이 성공하기를 원한다면 위에 언급한 내용을 염두에 두고 기쁜 마음으로 따라가라. 그리고 그곳에 잘 적응하여 숨어 있는 기회를 잡아라.

 **석세스 테크닉 24**

남편이 성공하기를 바란다면 정든 곳을 떠나기 싫어 남편을 옭아매는 행동을 하지 말아야 한다. 이를 좋은 기회로 여기고 새로운 환경에 적응해야 한다.

흥미와 열정을 남편의 일과 일치시켜
성공을 함께 즐겨 보세요.

만일 당신의 일이 남편의 성공과 행복에 장애가
된다면 어떻게 할 것인가?

남편이 잘 되기를 바란다면 당연히 포기해야 하지만 단념하
기가 쉽지 않을 것이다. 인간은 누구나 성공하고 싶은 욕구를
가지고 있기 때문이다. 한 사람을 성공시키기 위해 전력을 다
한다는 것은 그만큼 힘든 일이다.

여자에게도 직업을 가지는 것은 중요하다. 자아실현을 위해
서뿐만 아니라 앞에서도 언급했듯이 예기치 못한 일이 발생했
을 때 가족의 생계를 책임져야 하는 일이 발생할 수 있기 때문
이다. 그래서 여자라 할지라도 남편의 도움 없이 자신의 힘으
로 생활할 수 있도록 준비를 해야 한다. 질병, 죽음, 실업, 불의
의 사고 등으로 언제 평온한 가정이 위협을 받게 될지 모르기

때문이다.

그러나 여기에서는 아내로서 남편을 성공시키는 성공 코치법에 대해 이야기하고 있다. 그런 의미에서 아내의 임무를 충실히 이행하는 것이 남편의 성공에 기여하는 가장 중요한 일이 되는 것이다.

물론 남편의 성공을 위해 일을 포기하면서 자신의 성공을 희생시킬 필요가 없다고 반기를 드는 여성들도 있을 것이다. 그러나 자신의 성공을 위해 일에 매진하면서 남편을 돕는다는 것은 거의 불가능한 일이다. 머릿속에 자신의 일로 가득 찬 사람이 어떻게 남편에게까지 관심을 기울일 수 있겠는가. 따라서 남편의 행복과 성공을 진정으로 바란다면 자신의 직업을 기꺼이 포기할 수 있는 용기가 필요하다. 유명한 탐험가 가비스 웰스의 아내 제터 웰스의 선택은 이에 대한 아주 좋은 본보기라고 할 수 있다.

결혼하기 전부터 그녀는 자신의 직업에 대해 대단한 긍지를 가지고 있었다. 라디오방송과 강연의 매니저로 명성이 높았던 그녀는 수많은 유명 인사들과 친분이 돈독할 만큼 능력이 뛰어난 커리어 우먼이었다.

그녀는 남편에게 결혼 후에도 일을 계속하고 싶다는 의사를 밝혔다. 남편은 그녀가 직장을 그만두고 평범한 가정주부로 살기를 바랐지만 그녀의 고집을 꺾을 수가 없었다. 결국 그녀는 결혼 후에도 계속 일을 할 수 있게 되었다.

그런데 결혼한 지 3개월이 지난 즈음 남편은 아라라트 산을 정복하기 위해 러시아와 터키로 여행을 떠나게 되었다. 그녀는 남편이 없는 동안 자신의 일을 열심히 하기로 결심했다. 하지만 막상 남편과 오랫동안 떨어져 지낼 일을 생각하니 끔찍했다. 그녀는 남편을 졸라 함께 아라라트 산 등정에 나서기로 했다. 산을 등반하면서 겪는 육체적 고통은 이루 말할 수 없었지만 그녀는 남편과 함께 한다는 사실에 만족했다.

첫 여행에서 돌아온 그녀는 자신이 하는 일이 남편과 고락을 함께 나눈 모험에 비하면 아무것도 아니라는 사실을 깨달았다. 그래서 일 년 뒤, 다시 남편과 함께 포포카테페틀 산을 등정하기 위해 멕시코로 떠났다. 추위와 배고픔에 시달리는 등반이었지만 그녀는 그 속에서 짜릿한 스릴을 맛보았다.

이 여행을 통해 그녀는 마음 한구석에 자리 잡고 있던 미련과 아집을 모두 털어 버렸다. 그녀 자신이 달성할 수 있는 어떤 성공보다 남편의 훌륭한 아내가 되는 것이 훨씬 값진 일임을 깨닫게 된 것이다.

멕시코에서 돌아온 후 그녀는 사무실을 모두 정리하고 남편을 따라 말레이 반도의 밀림지대, 아프리카의 오지 등을 다니며 슬픔과 기쁨을 함께 나눴다. 만일 그녀가 자신의 일을 포기하지 않았다면 어떻게 됐을까? 그녀가 바라는 대로 성공을 이루었을지도 모른다. 그러나 가정적으로는 행복하지 못했을 것이다. 각자 자신의 일에 매달려 남남처럼 사는 부부에게 무슨 즐거움이 있겠는가!

몇몇 페미니즘 주의자들은 남편의 성공을 위해 자신의 일을 포기하는 여성들을 매우 못마땅해 한다. 물론 보기에 따라 남편을 위해 일을 그만두는 여성이 한심해 보일 수도 있다. 그러나 남편의 성공을 위해 자신의 직업을 과감히 포기할 수 있는 여성은 주관이 없는 것이 아니다. 오히려 용기 있고 결단력이 남다른 사람이다. 이들은 남편에게 종속되어 현실에 안주하기 위해 자기 일을 그만두는 것이 아니라 자신의 흥미와 열정을 남편의 일과 일치시켜 더 큰 성공을 함께 나누기 위해 직업을 포기하는 것이다.

남편의 성공과 출세 뒤에는 언제나 아내의 내조가 있게 마련이다. 그래서 '세계를 지배하는 것은 남자이지만, 남자를 지배하는 것은 여자'라는 말이 있는 것이다.

자신의 일에 열중하는 아내는 남편을 성공시킬 여력이 남아있지 않다. 물론 예외는 있으나, 부부의 목적과 이해가 일치할 경우 남편이 성공을 하거나 결혼생활이 행복할 확률이 높다.

그러므로 자신의 직업이 남편의 행복과 성공에 방해가 된다면 기꺼이 포기할 수 있어야 한다. 당장은 일방적으로 자신이 희생하고 있다고 여겨지겠지만 언젠가 그것이 현명한 선택이었음을 깨닫게 될 것이다.

 석세스 테크닉 25

자신의 직업이 남편의 행복과 성공에 방해가 된다면 기꺼이 포기할 수 있어야 한다. 그것은 어떤 성공보다 값진 일이다.

남자에게 뒤떨어지지 않는 능력을
갖추기 위해 노력하세요.

　　　　누구나 한 번쯤은 학교 운동회나 회사 체육대회
때 2인3각 경기를 해 보았을 것이다. 이 경기는 두 사람이 어깨
를 나란히 하고 가운데 두 다리를 묶어 달리는 운동으로 두 사
람이 같은 속도로 발을 맞추지 못하면 넘어지거나 제대로 달릴
수가 없다.

　이러한 2인3각 경기처럼 평생을 함께 할 동반자로서 부부의
호흡은 행복한 결혼생활을 유지하는 데 매우 중요하다. 아무리
자신이 잘났더라도 상대가 그에 미치지를 못하면 제대로 빛을
발하지 못한다.

　결혼생활의 성공은 남편과 보조를 맞춰 나가는 것에 달렸다
고 해도 과언이 아니다. 따라서 남편보다 재능이나 능력이 현
저히 뒤떨어지는 아내는 남편과 함께 할 자격이 없다. 이런 여

성들은 게으르거나 무능력하여 자신뿐만 아니라 남편을 향상시킬 기회를 놓쳐 버린다.

현명한 아내는 행운이 찾아올 경우를 대비하여 미리 준비해 두는 것을 잊지 않는다. 가령, 남편이 요직에 오를 때를 대비하여 타인과 조화를 이루는 방법을 배우거나, 교양을 쌓기 위해 학교를 다니며 공부를 하거나 책을 읽는다. 어떤 사람들은 아내가 앞으로 나서는 것이 남편에게 전혀 도움이 되지 않는다고 말하지만 아내의 사교술은 남편의 사회적 활동을 돕는 데 큰 역할을 한다.

미국 뉴스방송협회 회장의 아내였던 한즈 카델본 부인의 일화는 아내의 사교술이 남편에게 얼마나 큰 도움이 되는지 잘 보여 준다.

그녀는 내조에 매우 능숙한 여성으로 사람이 많은 자리나 모임에서 언제 어떻게 화제를 바꿔야 하는지 정확히 알고 있었다. 예를 들면, 점심식사를 할 때 화제가 이상한 쪽으로 흐르면 그녀는 유쾌한 얘기를 꺼내어 분위기를 반전시켰다. 또 강연을 마친 후 몰려든 사람들로 인해 곤란해 하는 남편을 위해 재치를 발휘하여 구해주기도 했다. 능숙한 그녀의 사교술로 인해 남편의 성공은 더욱 빛을 발했다.

재치가 있고 사교술이 뛰어난 아내는 남편이 사람을 다루는 데 서툴 경우, 남편의 단점을 감싸 주고 나아가서는 남편의 성격까지 바꾸기도 한다. 반대로 남편이 지나치게 애교가 넘치거나 친화적일 경우에는 그의 행동이 경박하게 보이지 않도록 지적해 준다.

교양이 없거나 사교술이 부족한 여성들은 흔히 '대학에 가서 제대로 배울 기회가 없어서'라든가 '타고난 성격이 워낙 내성적이어서' 또는 '낯가림이 심한 편이라서'라며 반박을 한다. 그러나 이것은 변명일 뿐이다. 남편의 성공을 진심으로 바라는 사람은 자신의 단점을 어떻게 극복할 것인가를 고민하고 그 방법을 터득하려고 노력한다.

하인즈 부인은 심한 대인공포증을 가지고 있었다. 그녀는 모르는 사람과 만나는 것을 두려워했고, 파티나 모임에 참석하는 것을 꺼려했다. 또 사람들 앞에 나서서 말하는 것에도 지극히 서툴렀다.

그녀의 남편은 명성이 높은 변호사로 정치에도 열성적인 사람이었다. 그러다 보니 자연스럽게 회의나 사교 모임에 참석하거나 사람들을 초대하는 일이 자주 있었다. 대인공포증이 있는 그녀에게는 견디기 힘든 상황이었다.

그녀는 도저히 그러한 일들을 해낼 수 없다고 생각했다. 그렇지만 그녀는 대인공포증을 극복하든가, 아니면 남편을 실망시키든가 둘 중의 하나를 선택해야만 했다. 그녀는 과연 어떤 것을 선택했을까?

그녀는 남편을 실망시키지 않는 길을 택했다. 대인공포증에 대해 고민을 하던 그녀는 우연히 어느 잡지에 실린 글을 읽고 현명하게 자신의 단점을 극복했다. 그녀가 본 기사에는 '다른 사람과 원만한 대화를 나누기를 바란다면 상대방의 말에 귀를 기울여라. 왜냐하면 인간은 자신의 일에 관심을 보이는 것을 가장 좋아하기 때문이다.'라는 내용이 실려 있었다.

그녀는 그 내용을 그대로 실천에 옮겼다. 상대방이 자신의 취미, 성공담 등을 편안하게 이야기할 수 있도록 배려하고, 자신이 이야기하는 것보다 상대방의 말에 귀를 기울였다. 또 그녀는 자진해서 친구를 사귀려고 노력했다. 그 결과 그녀는 자신을 괴롭히는 대인공포증을 스스로 이겨 낼 수 있었다. 그녀는 이제 여러 사람들과 함께 있어도 전혀 거북하지 않을 만큼 사교적인 사람이 되었다.

이처럼 남편의 성공은 그 아내의 능력과 밀접한 관련이 있다. 그러므로 남편에게 뒤떨어지지 않을 만큼 능력을 갖추기 위해 부단한 노력을 해야 한다. 이미 남편에게 뒤떨어지지 않는 능력과 재능을 가졌다면 두말할 나위 없겠지만, 설사 그렇지 못하더라도 포기하지 말고 하인즈 부인처럼 그 방법을 스스로 터득해 나가면 된다.

남편의 성공과 출세 뒤에는 언제나 아내의 내조가 있게 마련이다. 그래서 '세계를 지배하는 것은 남자이지만, 남자를 지배하는 것은 여자'라는 말이 있는 것이다.

석세스 테크닉 26

결혼생활의 성공은 남편과 보조를 맞춰 나가는 것에 달려 있다. 남편에게 뒤떨어지지 않도록 끊임없이 노력하라.

내 남자의 인간적인 매력을 부각시키기 위한
방법을 찾아 실천하세요.

아내가 남편이 다니는 회사 일을 대신할 수는 없
지만 남편을 사회적으로 인정받는 사람으로 만드는 데에 힘이
되어 줄 수는 있다.

가령 다른 사람이 잘 알지 못하는 남편의 장점을 부각시킨다
든지, 칭찬을 한다든지 하여 남편에게 도움을 줄 수 있는 방법
은 많다.

사람들은 대개 냉철하고 위압감을 주는 사람보다는 아무래
도 다정하고 인자한 사람에게 호감을 갖기 마련이다. 그래서
인간적인 매력은 누구에게나 성공을 하는데 있어서 아주 중요
한 역할을 한다.

각종 선거에 입후보한 정치인들을 생각해 보라. 그들은 선거
때뿐만 아니라 평상시에도 유권자들에게 자신의 인간적인 매

력을 부각시키기 위해 갖가지 수단으로 얼마나 많은 노력을 기울이고 있는가!

인간적인 매력이 많은 사람은 대개 평판 좋은 사람으로 평가된다. 따라서 남편이 성공하기를 바란다면 인간적인 매력을 부각시키기 위해 노력해야 하며, 아내는 그 임무를 담당해야 할 중요한 존재이다.

진 오토리는 공연이 끝나면 사인을 해달라고 아우성치며 몰려드는 사람들 때문에 공연 뒤에 정해진 약속시간을 제대로 맞추기가 쉽지 않았다. 그럴 때마다 그의 아내는 미소를 지으며 이렇게 말했다.

"진은 선천적으로 누구의 부탁이든 거절을 잘 못해요. 그래서 동행하는 사람들에게 본의 아니게 피해를 줄 때가 자주 있어요."

그녀의 그 한 마디는 듣는 사람으로 하여금 그녀의 남편이 어떤 사람인지를 알 수 있도록 했다. 짧은 말이었지만 그 속에는 남편이 얼마나 다정하고 친절한 사람인지 잘 나타나 있었기 때문이다.

남자는 어느 정도 성공을 하면 자신의 인간미를 다른 사람에게 홍보해 줄 현명한 아내가 필요하다. 남편이 사람들에게 평판이 좋지 않아도 아내가 남편을 칭찬하면 '아내가 남편을 저렇게 생각하고 있으니, 분명 저 사람도 근본적으로 악인은 아닐 거야.'라고 생각하게 된다.

다른 사람의 평판은 남편의 출세를 좌우한다. 그러므로 남편의 인간미를 부각시키기 위해 노력해야 한다. 자신의 말 한 마디가 남편의 부정적인 이미지를 단번에 바꿔 놓을 수 있음을 잊지 말자.

 석세스 테크닉 27

남편이 성공하기를 바란다면 인간적인 매력을 부각시키기 위해 노력해야 하며, 아내는 그 임무를 담당해야 하는 중요한 존재임을 잊지 말아야 한다.

숨겨진 재능이 자연스럽게 드러날 수 있는
자리를 마련해 주세요.

어느 날, 남편이 성공하기를 간절히 바라는 한 젊은 여성이 낯가림이 심한 남편을 대신해 화술을 배우려고 마음 먹었다.

사실, 그녀의 남편은 재치 있는 말로 분위기를 즐겁게 할 줄 아는 사람이었다. 그녀는 자신이 재미있게 말할 수 있는 능력을 갖는 것보다 남편의 숨겨진 재능이 제대로 발휘될 수 있도록 돕고 싶어 했다.

다른 사람들은 알지 못해도 남편에게는 그냥 혼자 썩히기에 아까운 재능이 있는 경우가 많다. 남편의 성공을 바라는 아내로서는 다른 사람들에게 호감을 줄 수 있는 남편의 재능을 방치하는 것만큼 안타까운 일이 있을 수 없다. 그렇다고 조급한 마음에 직설적으로 남편 자랑을 해서는 안 된다. 다른 사람에게 위화감을 심어 줄 수 있기 때문이다. 따라서 무리 없이 다른 사람에게 남편의 숨겨진 재능을 드러낼 수 있는 재치를 발휘할 줄 알아야 한다.

다른 사람들에게 위화감을 주지 않으면서 남편의 재능을 잘 드러내게 하는 방법은, 남편의 숨겨진 재능이 자연스럽게 드러날 수 있는 자리를 마련하는 것이다. 사적인 파티나 모임을 자주 열어서 남편에게 자신의 재능을 자연스럽게 발휘할 수 있도록 기회를 만들어 준다면 손쉽게 남편의 또 다른 면모를 알릴 수가 있다.

전기 작가로 유명한 카메롱 십의 아내 캐롤린은 기지를 발휘하여 남편의 재능을 알리는 데 성공한 여성이다.

사람들의 편견과 달리 카메롱 십은 사람들을 사귀는 데 특출한 재능을 가지고 있었다. 그의 아내 캐롤린은 남편의 그런 재능을 발휘시키기 위해 파티를 열어 사람들을 초대하곤 했다. 파티는 야외에서 이루어졌는데, 이는 사람들에게 편안한 기분을 갖게 만들어 자연스럽게 대화할 수 있는 분위기를 유도하기 위해서였다.

그녀의 예상대로 그녀의 남편은 능숙한 사교술로 사람들의 마음을 사로잡았고, 사람들은 자신들이 알지 못했던 그의 새로운 면에 신선한 충격을 받았다.

남편이 아무리 재능이 많아도 회사에서는 그것을 드러낼 기회가 없다. 그러나 사적인 모임에서는 가능하다. 캐롤린은 바로 이 점을 노려 남편의 재능이 드러날 수 있도록 기지를 발휘한 것이다.

만일 당신의 남편이 호감을 줄 수 있는 재능을 가지고 있다면 다른 사람에게 알리도록 노력하라. 속 보이는 행동이라 생각할 수도 있지만 그것은 남편을 성공시키기 위해 아내가 당연히 해야 할 의무이다.

석세스 테크닉 28

남편이 남들에게 호감을 줄 수 있는 특별한 재능을 가지고 있다면 그것을 다른 사람에게 알리도록 노력하라.

화제가 빈곤한 남자일수록
여자의 도움이 더 필요하답니다.

사교술은 성공을 하는 데 결정적인 역할을 한다.
그런데 많은 남성들이 사교에 어려움을 느낀다. 남편이 성공하기를 바라는 아내에게 사교에 능숙하지 못한 남편은 큰 근심거리가 아닐 수 없다.

사람들과 사귀는 능력이 떨어지는 사람도 있지만 사교에 능숙하면서도 사람들과 어울릴 만한 화제를 가지고 있지 않아 대화에 끼지 못하는 이도 많다. 사교술이 떨어지는 사람은 훈련과 연습이 필요하지만 화제가 풍부하지 못해 사람들과 어울리지 못하는 사람은 아내의 도움이 꼭 필요하다.

가령 세상사에는 관심이 없는 남편이 있다고 하자. 사적인 모임에 가면 이런 남편들은 사람들과 즐거운 대화할 화제가 부족할 수밖에 없다. 이런 경우 평소에 아내가 남편에게 수시로 다양한 정보를 제공한다면 그에 대한 부담을 덜어 줄 수 있을 것이다.

밖으로 맴도는 남편을 자연스럽게 사람들과의 대화 속으로 유도하는 것은 아내의 몫이다. 그런데 이때 다른 사람들에게 위화감을 주지 않도록 자연스럽게 대화에 참여시켜야 한다. 만약 "당신 뭐 해요? 가만히 있지 말고 이리 와서 얘기 좀 해 봐요."라는 식으로 남편을 끌어들이면 사람들이 남편에 대해 신경을 쓰게 될 뿐만 아니라 갑작스럽게 사람들의 주목을 받는 남편 또한 부담을 느끼게 된다. 그러면 어떻게 해야 자연스럽게 남편을 대화에 참여시킬 수 있을까?

다음에 소개하는 한 여성의 일화는 이에 대한 명쾌한 답변을 준다.

그녀의 남편은 사교성이 부족해서 다른 사람들과 쉽게 어울리지 못했다. 그러던 어느 날 그들 부부는 어느 모임에 참석하게 되었는데, 어김없이 그날도 남편은 방 한구석에 앉아 대화에 끼어들지 못하고 있었다.

그녀는 어떻게 하면 남편을 자연스럽게 대화에 참여시킬 수 있을까 고민했다. 그러다가 한 가지 묘안을 생각해 냈다. 그녀는 마이클이라는 남자에게 이렇게 말했다.

"제 남편이 당신과 지난주에 얘기를 나눴다고 하던데…….

여보, 그렇지 않아요? 당신 마이클과 했던 얘기 기억나세요?"

그러자 그녀의 남편은 잠시 머뭇대더니 마이클과 대화를 나누기 시작했다.

아무리 수줍음을 잘 타고 말주변이 없는 사람이라도 자신의 관심사에 대해 말할 때에는 자신이 생기는 법이다. 그녀는 남편이 자연스럽게 대화에 참여하도록 그가 잘 알고 있는 화제를 거론함으로써 그에게 자신 있게 말할 수 있는 용기를 주었다.

남편이 말주변이 없다고, 사교적이지 않다고 혼자 있게 내버려 두는 것은 바람직하지 않다. 남편이 좋은 평가를 받기를 바란다면 설사 남편이 사교적이지 못하더라도 지혜롭게 사람들과 어울릴 수 있도록 길잡이 역할을 해야 한다.

 석세스 테크닉 29

밖으로 맴도는 남편을 자연스럽게 사람들과의 대화 속으로 유도하는 것은 아내의 몫이다.

존경 받기를 원한다면
단점보다는 장점을 말하는 습관을 들이세요.

자기 자랑을 하는 사람은 일견 꼴불견처럼 느껴진다. 그래서 덕망 있는 사람들은 자기 자랑을 늘어놓지 않는다. 그런데 체면 불구하고 아내들이 자랑을 해야 할 존재가 있다. 바로 '남편'이다.

현명한 아내들은 남편에 대한 자랑을 아끼지 않는다. 왜냐하면 아내의 말 한 마디는 남편의 평판을 바꿔 놓을 만큼 다른 사람들에게 신뢰감을 주기 때문이다.

주변을 보면 남편을 도마 위에 올려놓고 흉을 보고 비하하는 아내들이 적지 않다. 자신의 스트레스를 푸는 방법 중 하나일 수도 있지만 이러한 행동은 남편에게 치명적인 손해를 끼칠 수 있다.

아무 의미 없이 던진 말이라 해도 다른 사람들에게 남편에 대한 부정적인 이미지를 심어 줄 수 있기 때문이다. 사람들에게 좋은 평판을 얻는 데는 많은 노력과 시간이 필요하지만 평판이 나빠지는 것은 한순간의 일이다.

만일 사람들이 당신의 남편에 대해 좋지 않은 인상을 가지고 있다면 당신에게도 큰 잘못이 있다. 남편의 평판은 대개 아내의 입에서 나온 말이 반영된 경우가 많기 때문이다. 그러므로 남편이 다른 사람들로부터 사랑과 존경을 받기를 원한다면 단점보다는 장점을 말하는 습관을 들여야 한다. 이쯤 되면 남편의 홍보대사 역할을 훌륭하게 해내는 현명한 여성이라 할 수 있다.

어떤 사람이 에어컨을 설치하기 위해 전자상점에 전화를 걸었다. 전화는 그 상점 주인의 부인이 받았는데, 그녀는 고객이 알고 싶어 하는 것에 대해 친절하게 가르쳐 주었다. 그러면서 덧붙여 이렇게 말했다.

"우리 남편이 에어컨에 대해서는 전문가예요. 만일 댁에 방문하는 것을 허락한다면 남편은 필요하신 에어컨의 종류를 정확하게 말씀드릴 수 있을 겁니다. 저는 다만 제가 알고 있는 사실만 대충 알려드렸을 뿐이에요. 남편은 저보다 더 상세한 설명을 해드릴 수 있어요."

전화를 걸었던 사람은 상점 주인이 집을 방문하는 것을 허락

했다. 그 상점 주인이 집에 도착했을 때, 전화를 걸었던 사람은 이미 그를 신용하고 있었다. 재치 있는 부인이 그에 대한 홍보를 훌륭하게 했기 때문이다.

남편이 성공하기를 바란다면 아내는 그의 가장 훌륭한 홍보 요원이 되어야 한다. 예를 들어 남편이 모임에 참석하지 못했을 경우, "오늘 모임에 꼭 참석하고 싶었지만 워낙 바빠서 참석을 못했어요."라든가 혹은 "사업 하느라 얼마나 바쁜지 저도 얼굴을 볼 틈이 없어요."라는 식으로 남편이 잠시도 쉴 틈이 없을 만큼 바쁘다는 인상을 심어 주면서 남편의 재능을 부각시켜야 한다. 경망스럽지 않을 정도로 남편을 치켜세우는 일은 꼴불견이 아니다.

인간은 대개 다른 사람한테서 '당신은 이런 사람이다'라는 말을 들으면 실제와 그와 같은 말이나 행동을 하려는 성향이 있다. 가령, 아이에게 "너는 참 버릇이 없구나."라고 이야기를 하면 그 아이는 더욱 버릇없이 행동을 하고, "너는 참 예의가 바른 착한 아이구나."라고 칭찬을 하면 더욱 겸손하고 예의 바르게 행동을 하려고 노력한다. 어른 역시 마찬가지여서, 남편의 장점을 칭찬하고 부각시키면 남편은 그런 장점을 더 키우기 위해 노력한다.

유명 인사의 아내들을 보면 남편이 얼마나 훌륭한 사람인지를 재치 있게 홍보한다.

성공을 하기 위해 노력하는 남성이나 이미 성공한 남성 모두에게 자신의 장점을 부각시켜 주는 아내는 중요한 존재이다. 부인이 남편에 대해 어떻게 말하느냐에 따라 사람들의 평판이 엇갈리기 때문이다.

그러므로 남편이 성공하기를 바란다면 남편의 장점을 사람들에게 알려라. 아내에게 찬사를 받는 사람을 나쁘게 생각하는 이는 거의 없다.

 석세스 테크닉 30

현명한 아내는 남편에 대한 자랑을 아끼지 않는다. 왜냐하면 아내의 말 한 마디는 남편의 평판을 바꿔 놓을 만큼 다른 사람에게 신뢰감을 주기 때문이다.

결점을 비하하거나 다그치지 말고
그것을 보완하는 역할을 하세요.

인간은 누구나 결점을 가지고 있다. 천재나 영웅으로 불리던 사람들도 나름의 약점을 가지고 있었다. 가령 베토벤은 귀가 들리지 않았고, 바이런은 다리가 온전치 않았으며, 나폴레옹은 사람들 앞에서 말하는 것을 두려워하는 소심한 사람이었다. 천재나 영웅이라 불리던 사람도 이럴진대, 평범한 당신의 남편은 어떻겠는가.

야심이 많은 아내들은 남편이 완벽하기를 바란다. 그래서 성공을 달성하는 데 뭔가 부족하다고 느끼면 남편을 가만히 내버려 두질 않는다. 자신이 원하는 모습으로 변화시키기 위해 다그치거나 멸시를 한다. 그러나 남편도 한 인간이기에 결점을 커버하는 데는 한계가 있다. 남편이 성공하기를 바란다면 이 점을 간과해서는 안 된다.

현명한 아내는 남편의 결점을 가지고 남편을 비하하거나 무조건 다그치지 않는다. 때로는 남편을 대신해 결점을 보완하는 역할을 하기도 한다. 실제로 교양 있고 능력 있는 아내의 협조 덕분에 성공한 남편들은 수없이 많다. 미국의 존슨 대통령의 부인이 남편에게 읽기와 쓰기를 가르쳤다는 일화는 유명한 이야기이다.

사람의 이름과 얼굴을 외우는 데 서툰 남편이 있었다. 많은 분야의 일을 하느라 정신이 없기도 하려니와 항상 많은 사람들을 접촉하다 보니 일일이 기억할 수가 없는 형편이었다. 그래서 그의 아내는 남편이 실수를 범하는 일이 없도록 하기 위해 한 가지 묘안을 짜냈다. 그것은 어떤 모임에 참석했을 때 미리 그곳에 있는 사람들에 관해 남편에게 되풀이해 말해 주는 방법이었다. 가령 로빈슨 부인을 보았다고 하자. 그러면 남편에게 그녀의 이름, 그녀에 관한 이야기, 과거에 그녀와 만났던 일 등에 대해 반복해서 얘기를 해 주는 것이다. 매우 단순한 방법이지만 사람을 잘 기억하지 못해 쩔쩔매는 남편에게는 아주 큰 도움이 되었다.

남편의 결점을 보완해 주려면 그만한 능력을 갖춰야 한다. 실제로 남편의 약점을 대신하기 위해 사람들의 이름을 외우는 데 많은 시간을 할애하는 아내도 있다. '내가 과연 해낼 수 있을까.'라는 생각이 들겠지만 조금만 관심을 가진다면 누구나 할 수 있는 일이다.

요즘 사람들은 자신의 전문 분야에 몰두하는 데 시간을 다 써 버리기 때문에 다른 분야를 배울 기회가 거의 없다. 그래서 그 부족한 부분을 채워 주는 아내의 역할이 중요하다.

남편이 성공하기를 바란다면 남편의 결점을 대신할 수 있는 아내가 되도록 노력하라. 궁지에 몰린 남편을 구할 수 있을 뿐만 아니라 자신을 업그레이드 시킬 수 있는 좋은 기회가 될 것이다.

 석세스 테크닉 31

재치 있고 현명한 아내는 남편의 결점을 비하하거나 무조건 다그치지 않는다. 대신 남편의 결점을 보완할 수 있는 존재가 되기 위해 노력한다.

부부 십계명

1. 승자가 되기보다는 사랑하는 자가 되기 위해 힘써라. 부부 싸움에 승패는 없다.
2. 한 가지 주제만을 다뤄라. 동시에 두 마리 토끼를 잡을 수는 없다.
3. 타임아웃을 지켜라. 싸움 도중 작전타임을 가져 달아오른 열기를 식혀라.
4. 싸우되 1미터 이내에서 싸워라. 무대를 친정이나 시댁까지 확대시키지 말라.
5. 미봉책으로 끝내지 말라. 임시 휴전은 곤란하다.
6. 싸움은 일대일로 하라. 삼자를 개입시키거나 동맹관계를 맺지 말라.
7. 인격모독을 피하라. 서로의 자존심은 건드리지 말라.
8. 관중을 두지 마라. 특히 자녀의 구경은 절대 안 된다.
9. 분을 참고 침대에 들지 말라. 잠은 편하게 자라.
10. 집에 불이 났을 때 이외에는 고함을 지르지 말라.

제4장

가정을
행복하게 하는
기술

가화만사성!
결혼생활을 무덤으로 만들지 마세요.

결혼은 무덤이 아니라 새로운 인생의 시작점이다. 많은 사람들이 결혼은 제 스스로 무덤으로 들어가는 어리석은 짓이라고 생각하는데, 결혼이 무덤이 아니라 스스로 결혼을 무덤으로 만드는 것이다.

결혼생활을 불행하게 만드는 원인에는 여러 가지가 있다. 그런데 대부분의 원인이 아내로부터 비롯된다. 우리가 잘 알고 있는 유명 인사들을 보면 아내 때문에 결혼생활을 불행하게 보낸 이들이 의외로 많다. ≪전쟁과 평화≫ ≪안나 카레니나≫ 등 불후의 걸작을 남긴 세계적인 문호 톨스토이가 그 대표적인 인물이라 할 수 있다.

톨스토이는 누가 봐도 불행할 것이 없는 사람이었다. 남들이 부러워할 만큼 부유했고, 사회적 지위도 높았으며 자식 복도 많았다. 게다가 그의 명성을 듣고 몰려든 숭배자들이 그를 존경하고 따랐다. 그런데 톨스토이는 전혀 행복을 느끼지 못했다. 그 이유는 아내 때문이었다.

화려하고 거들먹거리기를 좋아하는 그의 아내는 돈을 좋아했으나 톨스토이는 부를 죄악시했다. 톨스토이는 자신이 쓴 저서의 인세까지도 받지 않으려고 했다. 그 일로 인해 화가 난 부인은 몇 년 동안 그 일을 들먹이며 그에게 정신적인 고통을 주었다. 그리고 자신의 마음에 들지 않는 일이 생기기라도 하면 신경질적인 발작을 일으키며 죽어 버리겠다는 극한 위협도 서슴지 않았다.

톨스토이는 여든두 살의 나이에 아내의 신경질과 잔소리를 참다못해 집을 나와 버렸다. 그리고 그로부터 열흘 후 어느 시골 역에서 숨을 거두었다. 죽음을 눈앞에 둔 그의 마지막 소원은, 부인을 절대 가까이 오지 못하게 해 달라는 것이었다. 즉, 톨스토이의 죽음은 부인의 잔소리, 불평, 신경질이 빚어낸 비참한 결말이었다.

미국에서 가장 존경 받는 대통령 에이브러햄 링컨 역시 잔소리가 많고 신경질적인 아내 때문에 결혼생활을 불행하게 보낸 인물이다. 링컨의 부인은 잔소리가 많은 여성으로 유명했다. 그녀가 보기에 남편은 세상에서 가장 못난 사람이었다. 등은

굽고 걸음걸이는 보기 흉했으며 귀와 얼굴의 생김새도 마음에 들지 않았다. 그녀는 결혼생활 내내 사사건건 트집을 잡으며 남편을 비난하고 멸시했다.

링컨 부인의 신경질적인 성품은 병적인 면이 있었다. 그녀는 자신의 마음에 들지 않는 일이 생기면 고래고래 소리를 지르며 난동을 부렸다. 심지어는 뜨거운 커피를 남편의 얼굴에 끼얹기까지 했다.

결국 그녀의 신경질과 잔소리는 그녀와 늘 함께 하기 위해 노력했던 링컨을 변화시켰다. 그는 더 이상 그녀와 함께 있지 않으려고 했으며, 몇 년 동안을 여관에서 지내며 집에 들어가지 않았다. 불편하고 비참하기 이를 데 없는 생활이었지만 그는 부인의 잔소리를 듣거나 신경질을 받아 주는 것보다는 훨씬 낫다고 생각했다.

물론 톨스토이의 부인이나 링컨의 부인 편에서 보면 남편에게 불평을 할 만한 충분한 이유가 있었을지도 모른다. 하지만 여기서 주목해야 할 것은 불평을 터뜨림으로써 그들이 얻은 것은 아무것도 없다는 사실이다.

집안이 평안해야 모든 일이 잘 되는 법이다. 남편이 성공하기를 바란다면 결혼생활을 불행하게 만들어서는 안 된다. 남편에게 잔소리나 신경질을 부리면 그 순간은 마음이 시원할지도 모르나 남편을 주눅 들게 하고 일에 집중할 수 없도록 만든다. 무엇보다도 그것이 남편의 마음에 켜켜이 쌓여 돌이킬 수 없는 불행한 사태를 초래하게 된다.

 석세스 테크닉 32

집안이 평안해야 모든 일이 잘 되는 법이다. 쓸데없는 잔소리나 신경질은 남편을 주눅 들게 만들어 일을 할 수 없게 만든다.

삶에 대한 활력소 역할을 하도록
특별한 취미를 갖게 해주세요.

남편이 행복을 위해 취미를 함께 갖는 것도 중요
하지만 남편에게 자신만의 특별한 취미를 갖게 하는 것도 필요
하다. ≪결혼의 기술≫의 저자인 앙드레 모루아는 "서로의 취
미를 존중하지 않는 한 행복한 결혼생활을 유지할 수 없다."고
말했다. 따라서 남편이 행복하기를 바란다면 우표 모으기든 성
냥갑 모으기든 스트레스를 풀고 위로가 될 수 있는 취미를 갖
도록 해야 한다. 남편의 특별한 취미에 대해 비웃거나 제지하
는 것은 바람직하지 않다.

윌 로저스의 전기를 쓴 호머 크로는 항상 캘리포니아에 있는
자신의 농장에서 집필을 했다. 그러던 어느 날 호머 크로가 갑
자기 그의 아내에게 단검이 있었으면 좋겠다고 말했다. 그것도
남미의 토인들이 쓰는 큰 난섬을 가지고 싶다고 했다. 그녀는

남편이 왜 그런 물건을 가지고 싶어 하는지 이해할 수가 없었다. 그렇지만 그의 아내는 그가 원하는 단검을 직접 사다 주었다. 호머 크로는 크리스마스 선물을 받은 아이처럼 기뻐 어쩔 줄을 몰라 했다.

그는 틈만 나면 시간 가는 줄을 모르고 농장 한쪽에 우거져 있는 덤불을 단검으로 베어 내기 시작했다. 그 농장에는 덤불이 우거진 곳이 많았는데, 호머 크로는 유독 그곳을 좋아했다. 다른 사람들이 보기에 이상한 사람처럼 보였지만, 그는 곤란한 문제에 부닥칠 때마다 단검을 가지고 그곳으로 가 덤불을 베어 넘겼다.

그의 아내는 남편이 그 일을 함으로써 스트레스를 풀고 어려운 문제를 해결한다는 것을 깨달았다. 그래서 다른 사람들이 뭐라 하든지 상관하지 않고 남편이 그 일을 할 수 있도록 내버려 두었다.

만일 그녀가 다른 사람의 눈을 신경 쓰고 그의 특별한 취미를 저지했다면 어떻게 됐을까? 아마도 호머 크로는 집필에서 오는 스트레스 때문에 일을 제대로 해내지 못했을 것이다. 그녀는 남편만의 취미를 이해함으로써 새로운 의욕이 샘솟도록 도와주었다.

"나의 좋은 친구가 되어 주고, 동시에 내가 혼자 있고 싶을 때 홀로 있게 해 주는 여성이 있다면 언제든지 그 사람과 결혼 하겠다.”라고 말하는 결혼 적령기의 남성들이 있다. 그러나 대 부분의 여성들은 남성들의 이러한 기분을 잘 이해하지 못한다. ‘홀로’라는 것이 반드시 고독만을 의미하지 않는다는 것을 알 지 못한다.

남성들은 때로 어느 누구에게도 구속받지 않고 혼자 사색에 잠기고 싶어 할 때가 있다. 또 어떤 사람은 혼자 낚시를 즐기는 가 하면 어떤 이는 밤새 자동차를 분해하여 청소를 한다. 개인 마다 제각각이지만 공통적으로 남편들에게는 혼자 즐길 수 있 는 취미가 필요하다.

그러나 취미에 지나치게 몰입하지 않도록 경계해야 한다. 취 미에 열중한 나머지 본업을 소홀히 하게 되는 안타까운 일이 벌어질 수 있기 때문이다. 자신만의 취미에 열중한다는 것은 남편의 일이 순조롭게 진행되지 않는다는 증거이다. 사람들은 대개 자신의 일에 흥미를 잃을 때 취미에 열중하기 때문이다. 따라서 남편이 취미에 지나치게 열중한다는 것은 이래저래 좋 지 않은 징조이므로 주의해서 살펴야 한다.

취미의 진정한 의미는 생활의 속도를 늦추어 마음의 안정을 되찾고 자신을 재정비하는 데 있다고 할 수 있다. 취미는 본업 에 대한 의욕을 북돋우는 활력소 역할을 하는 데 그 뜻이 있는 것이다.

만일, 남편이 자신만의 취미를 적절하게 잘 조절하며 즐긴다면 그것처럼 남편을 행복하게 하는 일은 없다. 그러므로 남편이 혼자 있고 싶어 하고 자신만의 취미를 즐기고 싶어 한다면 그대로 둬라. 그것이 남편을 행복하게 하고 또한 성공할 수 있게 하는 길이다.

 석세스 테크닉 33

남편이 혼자 있고 싶어 하고 자신만의 취미를 즐기고 싶어 한다면 그대로 둬라. 그것이 남편을 행복하게 하고 성공시키는 길이다.

자신만의 취미를 가질 때 얻을 수 있는
효과를 생각해 보세요.

자신만의 취미를 갖게 되면 활력을 되찾고 기분 전환을 하는 데 큰 도움이 된다. 이는 아내도 마찬가지이다. 집에서 가정만 돌보는 전업주부들의 생활은 대개 단조롭고 지루하기 마련이다. 따라서 기분 전환을 하고 기운을 되찾으려면 가정주부도 가사 이외에 다른 일에 관심을 가져야 한다.

사람들이 일을 하고나서 피곤함을 잘 느끼는 것은, 일의 양때문이 아니라 그 일이 지루하고 단조롭기 때문이다. 일을 할때나 놀이를 할 때나 몸을 움직이는 것은 똑같은데 놀이를 할때는 일을 할 때와 달리 피곤함을 느끼지 않는 이유가 바로 여기에 있다.

부부 사이는 지나치게 친밀하고 격의가 없기 때문에 때론 함께 하는 것이 도리어 두 사람 사이를 재미없게 만들 수도 있다.

따라서 부부가 취미를 함께 하는 것도 중요하지만 결혼생활에 활력을 주기 위해 부부가 각각 다른 취미를 즐기는 것도 필요하다.

물론 돈이 많이 들어서 취미생활을 즐기지 못한다고 반박하는 사람도 있을 것이다. 그러나 굳이 돈을 많이 들이지 않고도 즐길 수 있는 취미는 얼마든지 있다. 가령 소비자교육 강좌, 음악 감상 강좌 등등 각종 강좌에 참여한다든가, 살고 있는 지역을 위해 자원봉사를 한다든가, 조금만 관심을 기울이면 돈을 들이지 않고도 할 수 있는 일이 무궁무진하다.

틀에 박힌 생활에 무료함을 느끼던 한 여성이 취미를 즐기기로 마음먹었다. 그런데 무엇인가 배우기 위해서는 많은 비용이 소요될 것 같았다. 거금을 들여 취미를 즐길 만한 여유가 없었기 때문에 비용이 들지 않으면서 흥미를 느낄 수 있는 취미를 찾아야 했다.

그리하여 열심히 발품을 팔아 찾아다닌 결과 돈을 들이지 않고도 즐길 수 있는 유익한 취미생활을 발견할 수 있었다. 그 여성은 평소 셰익스피어에 관심이 많았기 때문에 셰익스피어를 연구하는 모임에 가입했다. 모임에 참여한 후 그 여성은 가사 일을 할 때는 느끼지 못했던 즐거움과 마음의 휴식을 얻을 수 있었다.

다음은 주부들이 자신만의 취미를 가질 때 얻을 수 있는 효과이다.

1) 사소한 일에 마음을 졸이지 않게 된다.

하루하루 집에서 지내는 시간이 많다 보면 사소한 일에도 신경을 곤두세우게 된다. 그러나 자신만의 취미생활을 갖게 되면 쓸데없는 일에 가슴을 졸이거나 조바심을 내는 일이 사라진다. 사람은 관심을 갖는 분야가 많아질수록 주의력이 떨어지기 때문이다.

2) 사물에 대한 새로운 견해가 생긴다.

취미생활을 하게 되면 새로운 지식이라든가 경험 등을 쌓게 되고, 다양한 사람들을 만나게 되어 사물을 바라보는 시야가 넓어진다.

3) 가족들과 함께 나눌 수 있는 화제가 풍부해진다.

주로 집에서 하루를 보내는 아내들은 틀에 박힌 생활을 하기 때문에 가족들과 재미있게 이야기할 만한 화제가 없는 것이 현실이다. 그러나 취미생활을 하게 되면 화제로 삼을 수 있는 이야깃거리가 다양해진다.

4) 남편과 폭넓은 대화를 나눌 수 있다.

취미생활을 하게 되면 화제가 풍부해지고 사물에 대한 시야가 넓어져 남편과 흥미롭게 대화를 나눌 수 있다.

만일 당신의 생활이 무료하고 결혼생활이 원만하지 않다면 가정 밖의 일에 취미를 가져라. 그것이 무슨 도움이 되겠느냐는 의문이 생기겠지만 실천해 보면 많은 위안이 된다는 것을 온몸으로 느낄 것이다.

 석세스 테크닉 34

결혼생활에 활력을 주기 위해 각각 다른 취미를 즐기는 것도 필요하다. 이것은 당신의 무료함을 해소하고 행복한 가정을 만드는 데 큰 도움이 된다.

자신이 가정주부라는 사실을 떳떳하게 생각하세요.

전업주부들은 대개 누군가가 "무슨 일을 하느냐?"라고 물으면 선뜻 대답을 하지 못하고 주춤거린다. 왜 그럴까? 스스로 자신을 떳떳하지 못하다고 생각하기 때문이다.

어느 사회학자의 말에 따르면, 현대의 여성들은 가정을 꾸려나가는 것만으로는 만족할 수 없다고 여긴다고 한다. 과거처럼 아내로서 혹은 어머니로서 임무를 잘 수행한다고 하더라도 그것만으로는 그렇게 큰 가치를 못 느낀다고 생각한다. 그래서 여성들이 "나는 가정주부다!"라고 당당하게 말을 하지 못한다는 것이다.

아무리 세상이 변했다고 하나 여성들이 자신을 그런 식으로 낮추는 것은 옳지 않다. 집안일을 하고 남편을 도우며 아이들을 잘 키우는 일만큼 사회적으로나 개인적으로나 중요하고 뜻

깊은 일이 세상에 어디 있겠는가? 모든 시간과 에너지를 가족을 위해 쏟는 주부는 칭찬받아 마땅하다.

오래 전에 《라이프》라는 잡지에 주부들이 매일 하는 일을 가정 일을 돌보는 고용인이 대신한다면 일 년에 약 1만 달러를 지출해야 한다는 기사가 실린 적이 있었다. 남편이나 가족들이 깨닫지 못해서 그렇지 주부들이 하는 일을 돈으로 환산하면 웬만한 직장인들의 월급보다 많다. 역설하면 그만큼 주부들도 하는 일이 많다는 뜻이다.

가정주부라는 사실을 떳떳하게 여기려면 자기가 얼마나 많은 일을 하는지 곰곰이 생각해 볼 필요가 있다. 자신이 깨닫지 못할 뿐 요리사, 보모, 임시 운전사, 서기 겸 회계사, 안주인, 경영 고문 등등 주부의 임무는 참으로 다양하다.

아무리 작은 회사라도 사장이 직접 사무실을 청소하고 장부에 기입하며 문서를 타이핑하는 일은 드물다. 그런데 가정주부들은 집안에서 일어나는 모든 일을 혼자서 처리하고 있다. 그러므로 가정주부들이 하는 일을 하찮게 생각하는 것은 대단한 착각이다.

우리가 알고 있는 유명 인사들을 살펴보면 그들의 아내들이 '가정주부'로서 제 역할을 충실히 해주었기 때문에 성공한 예가 결코 적지 않다. 그 대표적인 인물이 바로 아이젠하워 대통령이라고 할 수 있다.

아이젠하워 대통령의 아내는 '아내가 된다는 것'은 여자에게
부여된 최고의 천직이라고 여겼다. 물론 그녀도 빨래를 하고
어수선한 집을 정리하는 등 매일 반복되는 집안일들이 때로 가
치 없는 일처럼 느껴질 때도 있었다. 또 남편이 밖에서 있었던
색다른 화제를 가지고 이야기할 때면 아무 일도 일어나지 않는
자신의 일상이 무료하게 느껴졌다. 그러나 그녀는 남편을 위해
매일 정성껏 요리를 하고 출근하는 남편을 배웅하며 남편이 어
떤 일을 하든지 그것을 달성할 수 있도록 도와주는 자신을 자
랑스럽게 생각했다. 그녀가 가정주부임을 자랑스럽게 여기고
최선을 다했기에 그녀의 남편은 한 나라의 대통령이 될 수 있
었다.

어떤 주부들은 밖에 나가서 일을 하고 돈을 벌어 오는 여성
들을 마냥 부러워한다. 그러나 직장에 다니고 싶은 유혹을 참
고 견디다 보면 언젠가는 더 큰 보답을 받게 된다. 만약 당신이
이 유혹을 견디지 못하고 직장에 다닌다면 10년이나 혹은 20
년 후에 일에 얽매여 산다는 것 외에 당신에게 남는 것은 아무
것도 없을 것이다. 물론 직장에 다니는 모든 여성들이 어리석
다는 말은 아니다. 그러나 주변을 살펴보면 회사 일을 너무 중
요하게 생각한 나머지 가정을 제대로 돌보지 않아 불행해진 여

성들이 적지 않다.

가정주부라는 사실을 무엇보다 떳떳하게 생각하라. 당신이 가정을 완벽하게 돌보기 때문에 남편의 일이 순조롭게 풀리는 것이고 가족들이 행복한 것이다. 가정에 충실한 주부 없이는 가화만사성家和萬事成이란 있을 수 없다.

 석세스 테크닉 35

집안일을 하고 남편을 도우며 아이들을 잘 키우는 일만큼 사회적으로나 개인적으로나 중요하고 뜻 깊은 일은 없다. 가정주부임을 당당하게 생각하라.

집을 세상에서 가장 편안한
휴식처로 만들어 주세요.

진심으로 자기가 좋아하는 일을 할지라도 정신적
으로 피로해지게 마련이다. 그래서 긴장을 풀고 정신과 육체의
에너지를 재충전할 수 있는 집은 누구에게나 가장 편안한 휴식
처이다. 그래서 집을 '보금자리'라고 한다.

대다수의 아내들은 좋은 반려자가 되기 위해서 어떠한 수고
도 아끼지를 않는다. 그런데 때로는 좋은 아내가 되고자 하는
바람이 지나쳐서 남편을 집에서 조금도 쉴 수 없게 만드는 경
우가 있다.

까다롭고 결벽증이 있었던 한 부인은 아이들에게 친구들을
집에 데려오지 못하게 했다. 한창 놀기 좋아하는 아이들이 깨
끗이 정돈된 거실이나 방을 어지럽히는 것을 견딜 수 없었기
때문이다. 남편에게는 집 안에서 담배를 피우지 못하게 했다.

물론 가족들을 위해선 당연한 일이었지만, 그녀가 남편에게 담배를 피우지 못하게 한 것은 오직 집 안에서 담배 냄새가 날지도 모른다는 염려에서였다. 또 책이나 신문을 읽고 나서는 다시 제자리에 갖다 놓지 않으면 잔소리를 해 댔다. 남편이 과연 집에서 편안한 휴식을 취할 수 있었을까?

정신과의사인 오텐와트 박사는 남편에게 가장 스트레스를 주는 아내의 강요가 '지나치게 깨끗함을 요구하는 것'이라고 했다. 물론 집 안의 청결을 유지하고 정리정돈을 잘 하는 것도 가족을 위해 중요한 일이지만 가족들의 행복보다 중요하게 여겨서는 안 된다.

집은 세상에서 가장 편안한 휴식처가 되어야 한다. 만일 집에서조차 마음 편안하게 쉴 수가 없다면 남편들은 다른 휴식처를 찾아 밖으로 나갈 수밖에 없다. 외도를 즐겨하거나 집에 들어가기를 싫어하는 남편들을 보면, 대개가 아내들이 잔소리를 많이 하거나 이것저것 요구를 하는 경우가 많다. 집 안을 가족이 편안하게 쉴 수 있는 소파가 갖추어진 곳으로 만드느냐 바늘방석이 깔린 곳으로 만드느냐 하는 것은 전적으로 아내의 손에 달려 있다.

가정이라는 곳은 남편이 휴식을 취하고 한가롭게 자신이 좋아하는 일을 하는 곳이 되어야 한다는 사실을 명심하고, 설사

남편이 눈에 거슬리는 행동을 하더라도 배려해야 한다. 만약
"몇 번을 말해야 알아듣겠어요? 어쩌면 당신은 그렇게 어지럽
히기를 좋아해요?"라며 잔소리를 하면 남편은 집에서 충분한
휴식을 취할 수 없고 다시 일을 할 수 있는 힘을 얻지 못하게
된다. 뿐만 아니라 가정에도 소홀해져 부부생활에 큰 위기를
맞을 수도 있다.

 석세스 테크닉 36
가정이라는 곳은 남편이 휴식을 취하고 한가롭게 자신이 좋아하는
것을 할 수 있는 곳이어야 한다. 그리고 그렇게 만드는 책임은 아
내에게 있다.

사치스럽게 꾸며진 집은
오히려 불편하다는 사실을 잊지 마세요.

집 안을 꾸미는 인테리어는 대부분 주부의 손에
의해서 이루어지기 마련이다. 그래서 본의 아니게 아내의 취향
을 중심으로 반영되는 경우가 많다. 따라서 남편의 취향은 염
두에 두지 않은 채 아내가 자기 마음에 드는 대로 집을 꾸미는
경우가 허다하다. 그런데 남편의 행복을 위해서는 남편이 편안
한 기분을 가질 수 있도록 집을 꾸며야 한다.

가령 여성들은 사치스러운 책상이나 의자, 값비싼 가구나 기
구 등으로 집 안을 꾸미는 것을 멋있고 고급스럽다고 생각하지
만, 남자들은 그렇지 않은 경우가 많다. 하루 종일 일에 시달린
지친 몸을 이끌고 집에 들어와 편안하게 신문을 읽거나 담배를
피우고 싶어 하는 남편에게는 오히려 거추장스럽고 번거롭게
여겨질 수 있다.

파리에서 동양적이면서 예쁘고 작은 재떨이를 사서 남편에게 선물한 아내가 있었다. 그런데 남편은 아내가 사다 준 재떨이는 거들떠보지도 않고 자신이 직접 잡화점에서 산 10센트짜리 재떨이를 즐겨 이용했다. 남편을 찾아오는 손님들 역시 마찬가지였다. 아내는 그런 남편에게 조금은 서운한 마음이 들었지만, 그 경험을 통해 남편이 어떤 분위기의 집을 좋아하는지 알게 되었다.

남편이 집 안을 어떻게 꾸미는 것을 좋아하는지 알고 싶거든 독신 남성이 살고 있는 방을 보면 파악할 수 있다. 독신 남성의 방에 가보면 독신 여성의 방과는 달리 아기자기하고 정교한 모습을 찾아볼 수 없다. 그들의 방은 튼튼한 테이블, 널찍하고 긴 의자, 큰 램프 등 하나같이 편안함이 우러나오는 물건들로 채워져 있다.

만일, 남편이 당신이 정성 들여 집을 꾸몄는데도 그다지 달갑지 않게 여긴다면, 집을 꾸미는 당신의 방법이 틀렸다고 생각하면 된다. 예를 들어, 당신의 신신당부에도 불구하고 남편이 읽던 신문이나 쓰던 물건을 바닥에 아무렇게나 던져 놓는다면 분명 책상이 너무 작든가, 책상에 이것저것 많은 물건들이 널려 있기 때문이다.

남편이 집에서 편히 쉴 수 있어야 다시 일을 시작할 수 있는 에너지를 재충전하고 가정에 관심을 갖는다. 그러므로 당신의 마음에 들지 않더라도 남편이 편안함을 느낄 수 있도록 집을 꾸며야 한다.

 석세스 테크닉 37

남편이 편안한 기분을 가질 수 있도록 집을 꾸며라. 남편이 집에서 편히 쉴 수 있어야 다시 일을 시작할 수 있는 힘을 재충전하고 가정에 관심을 갖는다.

정리정돈 상태는 가정의 평화와 밀접한 관련이 있습니다.

어떤 사람이든 불결하고 정리정돈이 제대로 되어 있지 않은 집보다는 청결하고 말끔하게 정리되어 있는 집 분위기를 좋아한다. 아무리 호화로운 집도 깨끗하지 않고 어수선하다면 깨끗한 텐트만도 못하다.

집 안의 정돈 상태는 남편의 행복, 가정의 평화에 많은 영향을 미친다. 믿어지지 않겠지만, 우리 주변에서는 집 안의 어수선함으로 인해 가정생활이 위기를 맞는 경우도 심심치 않게 볼 수 있다.

몸매 가꾸기와 치장하는 것을 좋아하고 여러 가지 취미생활을 즐기던 한 여자가 있었다. 남편이 회사에 나가 일을 하는 동안 그녀는 자신의 아름다움을 위해 헬스장, 미용실, 피부마사지실 등에서 여유 있는 시간을 보냈고, 이것저것 다양한 취미생활을 즐겼다. 그 덕분에 그녀는 나이가 의심스러울 만큼 젊고 아름다웠다.

그러나 이렇게 자신에게 투자하는 시간이 많다 보니 그녀는 가정에 소홀할 수밖에 없었다. 말쑥한 그녀의 겉모습과는 달리 집 안은 항상 어수선하고 불결하기까지 했다. 씻지 않은 접시, 어수선한 목욕탕, 정돈되지 않은 침대 등 집 안은 심란하기 그 지없었다. 또한 그녀는 바쁘다는 이유로 남편에게 제대로 식사를 차려 준 적이 거의 없었다. 배려심 많고 인자한 남편이었지만 도저히 그런 집에서는 편안하게 휴식을 취할 수 없었다. 결국 그녀의 남편은 집에 늦게 들어오기 시작했고 급기야 외도를 하게 되었다.

위의 일화는 극단적인 예이기는 하지만, 그만큼 집 안의 정리정돈 상태는 남편의 행복이나 가정의 평화와 밀접한 관련이 있다. '일이 바빠서'라든가 '아기 때문에' 혹은 '시간이 부족해서'라는 등의 핑계를 대며 집 안을 어수선하게 내버려 두는 것은 아내와 주부의 임무를 게을리 하는 것이다. 물론 남편이나 아이들도 집 안의 정리정돈을 함께 도와야 하지만, 아내가 주도적으로 해야 한다.

병적이듯 지나치게 깨끗함만을 추구하는 것도 바람직하다고 할 수 없겠지만, 가족의 보금자리인 집 안을 어수선하게 내버려 두는 것은 더욱 옳지 않다.

남편이 가정에 관심을 갖고 편안한 휴식을 취하기를 바란다
면 집 안을 잘 정리정돈하자. 정리정돈을 하찮고 사소하게 생
각하는 사람이 있는데 이것은 남편과 가족의 행복을 소홀히 하
는 것과 마찬가지이다.

 **석세스 테크닉 38**

집 안을 어수선하게 내버려 두는 것은 아내의 임무를 게을리 하는
것이다. 집 안의 정리정돈 상태는 곧 남편의 행복, 가정의 평화와
직결되기 때문이다.

남자의 취미생활을 탓하지 말고
함께 즐기도록 노력하세요.

미팅이나 모임에서 새로운 이를 만날 때 사람들은 흔히 상대방과 공통점을 찾으려고 한다. 이는 둘 사이의 공통점이 사람과 사람 사이를 친밀하게 해 주기 때문이다.

사랑하는 사람과 취미생활이나 오락을 함께 즐긴다는 것은 행복해지는 중요한 수단이 된다. 행복한 결혼생활을 하는 250쌍의 부부를 대상으로 조사한 결과, 그들의 결혼생활이 원만했던 원인은 서로의 마음이 잘 맞는다는 것이었다. 즉, 둘 사이의 공통점이 행복한 결혼생활을 유지하는 데 절대적인 역할을 했던 것이다.

다음의 카스링 부부는 남편과 아내가 공통된 취미를 가지고 있는 것이 행복한 결혼생활에 얼마나 중요한지를 잘 보여 주는 사례이다.

그들 부부는 많은 제자를 거느린 유능한 댄스 교사로 함께 일했다. 부부가 24시간 함께 있다 보면 지겨워서 서로에게 소홀해질 것 같은데, 부인은 자신이 조금만 신경을 쓰면 서로를 지겨워하는 일은 생기지 않는다고 생각했다. 그래서 그녀는 추레한 옷차림을 한다든지, 화장하지 않은 얼굴로 남편 앞에 나서지 않도록 주의했다.

그리고 남편과 취미를 함께 하는 것이 무엇보다 중요하다고 생각했다. 그들 부부는 수영과 정구를 좋아해서 시간만 있으면 함께 운동을 했다. 그들은 함께 취미를 나눔으로써 부부의 정을 더욱 돈독하게 다졌다.

부부가 서로 쉬지 않고 일만 하는 결혼생활은 무미건조할 수밖에 없다. 남편과 즐거움을 나눌 수 있는 아내는 남편의 반려자가 되기 위해 가장 필요한 것이 무엇인지 잘 알고 있는 사람이라고 말할 수 있다.

주위를 살펴보면 남편이 주말마다 골프나 낚시를 하러 가는 바람에 이른바 '주말 과부'로 지내는 아내들이 많다. 만약 그들이 현명한 아내라면 남편에 대해 불평을 늘어놓기 전에 남편과 취미를 함께 즐기기 위해 노력을 할 것이다. 불평을 해 보았자 남편이 자신의 생활의 일부인 취미생활을 쉽게 포기하지도 않을뿐더러 설사 단념하게 한다 하더라도 그것은 남편을 불행하게 만들기 때문이다. 그러므로 남편 없이 주말을 쓸쓸하고 외롭게 보내지 않으려면 남편의 취미를 함께 즐기겠다는 마음을 가지고 노력해야 한다.

클레오파트라는 사람을 다루는 법, 특히 남성을 다루는 기술이 비상한 것으로 알려져 있다. 사람들에게 알려진 바와 달리 클레오파트라는 그다지 뛰어난 미인은 아니었지만, 이해관계가 있는 사람의 기분을 좋게 하고 마음을 사로잡는 방법을 잘알고 있었다.

그녀는 자기 영토와 모든 속국의 언어에 능통했는데, 각 속국들이 사신을 보내오면 그들의 모국어로 말을 건네 그들을 감동시켰다고 한다. 또 이집트를 정복한 로마의 장군 안토니우스가 낚시를 좋아하자 그의 호감을 사기 위해 낚시를 함께 즐겼다고 한다.

남편의 취미를 따라서 한다는 것은 결코 쉬운 일이 아닐 것이다. 몸을 움직이기를 싫어하던 사람이 어떻게 갑자기 운동을 즐길 수가 있겠는가. 그러나 시간과 노력을 들인다면 결코 불가능한 일도 아니다. 고인이 되었지만 유명한 건축가였던 레온 센메이거의 부인은 스포츠를 그다지 좋아하지 않았지만 남편과 함께 취미를 즐기기 위해 펜싱과 골프를 배웠고, 훗날에는 골프선수권대회에 출전을 하고, 올림픽에 펜싱 대표선수로 출전할 만큼 실력 있는 선수가 되었다.

혼자 있기 싫다고 해서 남편에게 취미를 그만두라고 요구하는 것은 남편을 불행하게 만드는 일이다. 취미생활은 남편이 일에서 오는 스트레스를 해소하는 좋은 수단이기 때문이다. 그러므로 남편에게 행복감을 느끼게 하고 부부 사이의 애정을 더욱 돈독하게 하고 싶다면 남편과 같은 취미를 갖기 위해 노력하라. 그것이 남편뿐만 아니라 자신을 위해서도 여러 가지로 득이 되는 일이다.

 석세스 테크닉 39

남편을 행복하게 하고 부부 사이의 애정을 더욱 돈독하게 하고 싶다면 남편과 같은 취미를 갖기 위해 노력하라.

가정은 함께 만드는 것!
가정을 부부 공동의 것으로 여기세요.

가정은 남편과 아내가 함께 만드는 것이다. 그런데 많은 아내들이 이 점을 간과하고 있다. 남편의 의도나 취향은 염두에 두지 않은 채 가정을 자신만의 공간으로 만들어 놓는다.

아내는 남편에게 가정은 공동으로 만들어 가는 것임을 인식시켜야 한다. 가령 새로운 가구를 장만할 때에도 남편에게 계산서만 내밀 것이 아니라 그의 의견을 묻는다든지 도움을 청하여 함께 꾸며가는 것임을 깨닫게 해야 한다. 설사 남편과 스타일이 달라 당신이 눈여겨보았던 가구를 단념해야 하더라도 반드시 이러한 작업은 필요하다.

지금까지 이 책에서 남편이 성공하기를 바란다면 사소한 일에 신경 쓰지 않도록 주의하라고 여러 번 당부했다. 물론 이 말은 틀린 얘기가 아니다. 그러나 이 말은, 남편은 집안일에 무관심해도 된다는 의미로 받아들여서는 안 된다. 행복한 가정은 어느 한쪽만 최선을 다한다고 해서 이루어지는 것이 아니라 부부가 함께 노력할 때 만들어지는 것이다. 그리고 집안일에 대해 남편이 어느 정도의 발언권을 가지고 있어야 가정을 중요하게 여긴다.

가정을 부부 공동의 것으로 생각하지 않으면 필경 어느 한쪽이 불만을 갖게 된다. 다음에 소개하는 한 여성의 경우도 그러했다.

그녀는 돈을 들이지 않고도 집을 멋지게 장식하는 데 매우 능한 여성이었다. 그녀는 부드럽고 차분한 색조의 커튼이나 천, 섬세한 장식품 등을 이용하여 집을 항상 여성스럽고 아름답게 꾸몄다.

그런데 그녀의 남편은 남성미가 넘치는 사람으로 여성스러운 집 분위기와 어울리지 않았다. 그는 아내를 진심으로 사랑했지만 집에 있으면 왠지 마음이 편치 않았다. 그래서 휴일만 되면 친구들과 함께 낚시를 하러 가거나 자유롭게 행동할 수 있는 자신의 오두막집을 찾았다.

그녀는 깨끗하고 아름다운 집을 두고 밖으로 나가는 남편을 도저히 이해할 수 없었다. 그녀는 남편에게 집에 들어오기 싫어하는 이유를 물어봤다. 그러자 남편은 솔직하게 평소 품고 있던 불만을 털어놓았다. 하지만 그뿐이었다. 그녀는 남편의 의도대로 집을 다시 꾸밀 의향이 조금도 없었다. 결국 이들 부부는 서로에 대한 불만을 품은 채 불편한 마음으로 살아가야 했다.

당신이 생각하는 것과 달리 남편은 당신에게 결코 뒤지지 않을 만큼 집안일에 관심이 많다. 따라서 남편의 일을 방해하는 것이 아니라면 그가 집안일에 관여하고 싶어 하지 않는다고 지레짐작하지 말고 그의 의도를 묻고 함께 가정을 꾸밀 수 있도록 유도해야 한다. 가정에 대한 남편의 관심이 높아질수록 그것을 소중히 하는 마음도 커진다.

 석세스 테크닉 40

남편이 집안일에 대해 어느 정도의 발언권을 가지고 있을 때 비로소 가정을 소중하게 여긴다.

당신의 가장 귀중한 재산인 시간을
낭비하지 마세요.

"잠도 안 자니? 어떻게 저 많은 일을 다 하고 살지?" 이런 말을 듣는 사람들이 있다. 그들은 24시간이 부족할 만큼 하루 동안 많은 일을 처리해 낸다. 그들은 과연 어떤 비결을 가지고 있기에 일반인들은 감히 엄두도 내지 못하는 일을 해내는 것일까? 정말 잠을 자지 않고 일을 하는 것일까? 아니면 일을 단시간에 처리 할 수 있는 무슨 방법이라도 터득하고 있는 것일까? 에리노어 루스벨트 부인의 이야기는 이에 대한 명확한 답변을 해 준다.

그녀는 강연뿐만 아니라 집필, 국제 친선모임 참석 등의 다양한 활동으로 몸이 두 개라도 모자랄 만큼 바쁜 사람이었다. 젊은 사람들조차 버거운 빡빡한 스케줄을 그녀가 감당할 수 있었던 것은 시간을 낭비하지 않았기 때문이다.

그녀는 밤늦도록 일을 해도 아침에는 어김없이 일찍 일어났다. 그리고 회의와 회의 사이, 혹은 미팅을 하러 가는 시간 등을 이용해 일을 처리했다. 그녀는 짧은 시간이라도 여유가 생기면 일을 처리하는 데 사용했다. 이처럼 그녀가 바쁜 일정을 다 소화해 낼 수 있었던 것은 단 일분이라도 낭비하지 않는 그녀의 시간관념 때문이었다.

대부분의 주부들이 '집안일을 하는 것도 벅찬데 어떻게 다른 일을 할 수 있어?'라며 매우 바빠서 아무 일도 할 수 없는 것처럼 말한다. 그런데 과연 그럴까? 자신이 하루를 어떻게 보내는지 엄밀히 분석해 보면 그것이 변명에 불과하다는 것을 깨닫게 될 것이다. 주부들을 대상으로 조사한 결과, 하루에 적어도 세 시간 이상을 다른 사람과 잡담을 하는 데 보내는 것으로 나타났다.

사람들은 자신도 모르는 사이에 시간을 낭비하고 있다. 전화 통화를 하는 동안, 버스를 기다리는 동안, 다른 장소로 이동하는 동안, 미용실에 앉아 있는 동안 등 시간을 허비하고 있는 경우가 많다. 많은 일을 한꺼번에 처리하려면 낭비되고 있는 이 시간들을 유용하게 사용해야 한다.

우리가 알고 있는 유명 인사들을 살펴보면, 짧은 시간이라도 헛되이 보내는 사람은 없었다. ≪인포메이션 프리즈≫지의 발행인이었던 존 키란 씨는 지하철이든, 버스든, 차 속에서든 장소를 불문하고 독서를 즐긴 것으로 유명했다. 또 루스벨트 대통령은 면회하는 사람이 없는 2~3분의 짧은 시간 동안 독서를 할 수 있도록 항상 책상 위에 책을 펴 놓았고, 옷을 갈아입는 동안에도 시를 암기할 수 있도록 침실 벽에 시를 적어 두었던 것으로 알려져 있다. 집필가인 한 여성은 아이를 재운 다음부터 아이가 깨어날 때까지 두세 시간을 이용해 글을 썼다. 또 책을 쓰는 데 필요한 자료들은 미용실에서 읽었다. 그뿐 아니라 화장대 한쪽에 책을 놓아두고 화장을 지우는 시간을 이용하여 짬짬이 독서를 했다.

시간을 낭비하지 않고 일을 신속하게 처리하는 아내들은 아무리 바쁘더라도 게으른 아내보다 시간적 여유가 많다. 이들은 일을 신속하게 처리하는 방법과 귀중한 시간을 알차게 보내는 법을 잘 알고 있기 때문에 여러 가지 일을 한꺼번에 처리할 수 있다.

자기가 좋아하는 일을 하기 위해서는 많은 시간을 남길 수 있도록 가급적 잡다한 집안일을 빠른 시간에 처리할 필요가 있다. 시간을 허비하게 되면 집안일을 하는 것만으로도 벅차다고 느끼며, 남편을 도울 생각은 아예 엄두도 내지 못한다. 자신에게 주어진 24시간을 계획적으로 사용한다는 것은 남편과 가족을 도울 시간이 많아지고, 자신만의 시간을 가질 수 있음을 의미한다. 그러므로 헛되이 보내는 시간을 절약하여 활용하는 노력이 필요하다.

시간의 낭비는 경제적 낭비 이상으로 값비싼 대가를 치러야 한다. 돈은 다시 벌 수 있지만 시간은 한 번 흘러가면 영원히 되돌아오지 않기 때문이다. 그러면 어떻게 해야 시간을 유용하게 사용할 수 있을까? 다음에 열거하는 규칙을 잘 지킨다면 시간을 절약하는 데 많은 도움이 될 것이다.

1) 매일 시간을 어떻게 사용하는지 객관적으로 분석한다.

하루 동안 주어진 시간을 어떻게 쓰고 있는지 일주일 동안 기록을 하다 보면 자신이 얼마나 시간을 낭비하고 있는지 깨닫게 된다.

2) 하루의 시간표를 만든다.

합리적으로 배당된 시간표에 따라 생활하게 되면 시간을 효율적으로 사용할 수 있고, 시간에 쫓겨 스트레스를 받는 일도 사라진다. 물론 특수한 사정에 의해 불가피하게 변경될 경우도 있지만 그렇더라도 시간표를 만들어 두면 하루를 알차게 보내는 데 큰 도움이 된다.

3) 시간을 절약할 수 있는 방법을 찾는다.

우리가 깨닫지 못할 뿐 찾아보면 시간을 절약할 수 있는 방법은 많다. 가령 식료품을 살 때 매일 조금씩 사는 대신 한 번에 적당량을 미리 사 두면 쇼핑하는 시간도 절약할 수 있고 경제적으로도 이득이 된다. 또 일주일 분의 식단 메뉴를 미리 만들어 놓는다면 매일 메뉴에 대한 고민을 하지 않아도 되고 가족에게 균형 잡힌 영양 식단을 제공할 수 있다.

4) 헛되게 보내는 시간을 유익한 일에 사용한다.

일주일 동안의 기록표에 의해 낭비하고 있는 시간을 파악한 후 그 시간을 여유가 없어서 못했던 일에 투자한다면 여러 가지로 득을 볼 수 있다.

5) 한 번에 두 가지 일을 할 수 있도록 노력한다.

동시에 두 가지 일을 처리할 수 있도록 힘쓴다면 주어진 시간에 많은 일을 해낼 수 있다. 예를 들어, 아기에게 우유를 먹일 때 남편에게 도움을 줄 수 있는 방법을 생각한다든가, 밥이 되기를 기다리는 동안 글을 쓴다든가, 아이와 함께 공원에 나가 뜨개질을 한다든가, 찾아보면 한 번에 두 가지 일을 할 수 있는 방법은 무궁무진하다.

6) 문명의 이기를 잘 사용한다.

통신수단, 가전제품 등을 이용하여 직접 움직이지 않고 일을 처리하게 되면 시간을 아낄 수 있다. 가령 홈쇼핑이나 인터넷 등으로 물건을 주문하게 되면 직접 물건을 사러 나가기 위해 소비하는 반나절을 절약할 수 있다.

7) 일을 하고 있는 동안에는 집중한다.

일을 하다가 중단하게 되면 집중력이 떨어져 일의 능률이 오르지 않는다. 쉽지 않겠지만 열심히 일을 하고 있는 동안에는 초인종이 울리거나 전화가 와도 모르는 척한다. 그러면 친구들은 당신의 생활 태도를 이해하고 일정한 시간에만 집을 방문하고 전화를 할 것이다.

8) 효율적으로 물건을 구입한다.

쇼핑하기 전에 미리 구입할 물건의 목록을 작성하고 순서를 정해 놓으면 쓸데없이 매장을 돌아다니는 일이 없다. 이 방법은 시간을 절약하는 데도 효과적일 뿐만 아니라 충동구매를 막아 시간적으로나 경제적으로나 도움이 된다.

하루에 24시간을 '생활하는 사람'은 거의 없다. 여기서 '생활

한다'는 것은 '살아 있다'거나 '그럭저럭 산다'는 의미가 아니라 '생산적이고 유익한 일을 한다'는 것을 뜻한다. 그래서 아무리 열심히 사는 사람도 '좀 더 내게 시간이 있었다면 잘 할 수 있었을 텐데.'라며 후회를 한다. 하물며 시간을 허비하고 사는 사람은 두말 할 나위도 없을 것이다.

그러므로 훗날 후회하는 일이 없도록 낭비 없이 계획적으로 시간을 사용해야 한다. 시간은 당신이 가지고 있는 가장 귀중한 재산이다.

 **석세스 테크닉** 41

시간을 허비하게 되면 집안일만으로 벅차다고 느껴 그만큼 남편을 도울 수 없게 된다. 주어진 24시간을 계획적으로 쓸 수 있도록 노력하라.

손님 접대를 하는 데 들이는 노력을
대화하는 데 할애하세요.

손님을 접대하기 위해 반나절 동안 요리를 하고
특별한 그릇에 음식을 담아 대접하지 않으면 안 된다고 생각하
는 사람들이 있다. 물론 정성 들여 손님을 접대하는 것은 바람
직한 일이다. 그렇지만 종일 음식을 장만하느라 녹초가 되어
버린 모습으로 손님을 맞는 안주인보다는 활기찬 모습으로 손
님을 맞는 안주인이 더 현명한 사람이다.

지나치게 접대에만 신경 쓰는 안주인은 초대받은 사람에게
부담을 준다.

한 부부가 여행지에서 알게 된 어느 대학교수의 집에 초대를
받게 되었다. 교수댁에 도착한 그들은 교수의 뜨거운 환대를
받았다. 그런데 부인의 모습이 보이지 않았다. 이를 이상하게
여기자, 교수는 자신의 아내는 주방에서 식사를 준비하는 사람

들을 감독하고 있다고 대답했다. 잠시 후 교수의 아내가 나와 인사를 했다. 그런데 잠깐 인사를 나누고는 마음에 걸렸는지 이내 주방으로 들어가 버리고 말았다.

식사는 나무랄 데 없이 훌륭한 성찬이었다. 그러나 음식에 지나치게 신경 쓰는 교수 부인의 모습은 불편하게 느껴졌다. 부인은 식사를 하는 도중에도 주방을 오가며 지시를 했는데, 초대받은 부부는 도저히 편안한 기분을 느낄 수가 없었다. '차라리 레스토랑에 가서 식사를 했더라면 좋았을 텐데.'라는 생각이 들 지경이었다.

식사가 끝나고서야 더 이상 부인이 주방을 오가지 않게 되자 비로소 마음이 안정되었다.

물론 부인의 접대는 나무랄 데가 없었지만 좋든 나쁘든 손님을 접대하는 데 지나치게 신경을 쓰는 안주인의 모습은 편안해 보이지 않는다.

대부분의 아내들은 '손쉽게 대접한다'는 것을 남편의 체면을 손상시키고 주부로서 부끄러운 일이라고 생각한다. 물론 정성 들여 손수 만든 음식이 냉동식품이나 통조림 등을 이용해 만든 음식보다 맛이 있고 사람들에게 감동을 주는 것은 사실이다. 그러나 손님을 가장 즐겁게 하는 접대는 '편안함'이 느껴지는 접대다. 아무리 맛있는 진수성찬이 있어도 마음이 편안하지 않으면 훌륭한 접대라고 말할 수 없다.

접대를 하는 데 들이는 시간과 노력을 손님과 즐겁게 대화를 하는 데 할애해 보자. 그러면 손님은 당신의 편안한 접대를 오래도록 기억할 것이다.

 석세스 테크닉 42

손님을 가장 즐겁게 하는 접대는 초대받은 사람이 '편안함'을 느낄 수 있는 접대이다.

미리 검토하여 능률적으로 일할 수 있는
방법을 찾도록 하세요.

　　　　　주부들의 하루 일과를 보면 비능률적으로 일을
하는 경우가 많다. 한 번에 할 수 있는 일을 여러 번에 걸쳐
하는가 하면, 하기 싫은 일을 붙잡고 몇 시간을 허비한다. 만일
남편을 돕는 아내가 되고 싶다면 비능률적인 생활 패턴을 바꾸
기 위해 노력해야 한다.

　능률적으로 일을 하려면 자신이 일을 처리하는 방법을 미리
검토한 후 어떻게 해야 능률적으로 일을 행할 수 있는지 연구
해야 한다. 예를 들어 아침식사를 준비할 경우, 계란을 꺼낸 다
음 버터를 가지러 가고, 다시 크림을 가지러 가지 말고 요리에
필요한 식품을 미리 생각해 놓은 후 한꺼번에 가져오는 편이
시간과 노력을 덜 수 있다.

　집 안 곳곳에 그 장소에 맞는 청소도구를 준비해 두는 것도

좋은 방법이다. 가령 타일의 표면을 닦는 데 편리한 걸레 등을 욕실에 두고 수시로 청소한다면 대청소를 해야 하는 부담을 덜 수 있다.

또 시간에 쫓기는 사람이라면 저녁상을 치우는 김에 내일 아침식사까지 준비해 두는 것이 좋다. 그러면 다음날 편안한 마음으로 아침식사를 느긋하게 즐길 수 있다.

이처럼 자신이 헛되이 보내는 시간을 발견하고 그것을 자기계발이나 남편을 돕는 데 이용하는 일은 의외로 간단하다. 다음에 나열하는 내용은 능률적으로 일을 하는 데 도움이 되는 방법들이다.

1) 자신의 일하는 방법을 분석한다.

어떤 일에 소요되는 시간을 측정하여 시간이나 노력을 낭비하고 있지 않은지 살펴본다. 특히 자신이 하기 싫어하는 일에 대해 세심하게 체크한다. 그 일을 하기 꺼려하는 원인은 대개 일을 처리하는 방법이 잘못된 경우가 많기 때문이다.

2) 자신이 가장 싫어하는 일을 할 때 현재 시행하고 있는 방법에 개선의 여지가 없는지 연구한다.

일을 처리하는 방법에 문제가 있기 때문에 특정한 일을 꺼리는 것이므로 반드시 개선할 방법을 찾는다. 혼자 해결하기 힘들 때는 남편이나 친구, 선배에게 조언을 구하는 것도 좋다.

3) 일에 필요한 지식이 부족하다고 생각될 때는 그것에 대한 공부를 한다.

어떤 일에 대해 잘 모르면 그 일을 싫어하기 마련이다. 가령 요리에 대해 제대로 아는 것이 없는 사람은 요리의 즐거움을 알지 못한다. 따라서 어떤 일에 대해 전혀 알지 못한다면 학원이나 주위 사람들에게 배워 익히도록 한다.

남편을 진심으로 돕고자 한다면 집안일 때문에 남편을 도울 여유가 없다고 변명하지 말고 자신이 비능률적으로 일하고 있지는 않은지 살펴보아야 한다. 그리고 어떤 특정한 일만 왜 싫어하는지, 현재 실행 방법이 잘못되지는 않았는지 꼼꼼히 검토하고 개선해야 한다. 그래야 비능률적인 생활패턴을 바꿔 남편을 도울 수 있는 시간을 확보할 수 있다.

요리를 하거나 청소를 하거나 빨래하는 것을 즐기는 사람들도 더러 있다. 어떤 일이든 흥미를 갖고 즐긴다는 것은 바람직하다고 할 수 있다. 그러나 능률적으로 가사 일을 신속하게 처리한 후 그 시간을 더 유익한 활동에 사용한다면 그보다 더 기쁜 일은 없을 것이다.

평범한 주부라면 누구나 마음만 있으면 능률적으로 일할 수 있는 방법은 얼마든지 찾을 수 있다. 실천해 볼 만한 가치가 있다고 깨닫지 못하고 있기 때문에 개선할 방법을 찾지 않는 것이다. 지금부터라도 그것이 얼마나 값진 일인지 염두에 두고 가사 일을 능률적으로 처리하도록 노력하자.

 석세스 테크닉 43

남편을 진심으로 돕고 싶다면 현재의 비능률적인 생활패턴을 바꿔 남편을 도울 수 있는 시간을 마련하라.

수입에 맞춰서 예산 계획을 세우는
습관을 들이도록 하세요.

수입의 한도를 염두에 두지 않고 생활하는 사람은 매우 위험한 존재이다. 특히 낭비벽이 있는 아내는 남편을 곤경에 빠뜨릴 뿐만 아니라 심지어 가정을 파탄에 이르게 한다. 따라서 남편과 가족의 행복을 바란다면 남편의 수입에 맞게 생활하는 현명한 아내가 되어야 한다.

한 가정의 가계를 꾸려 나가는 일은 그렇게 단순하지 않다. 계획 없이 돈을 쓰게 되면 아무리 남편의 수입이 많아도 감당해낼 수가 없다. 돈을 길에 뿌리고 다니는 것과 같기 때문이다. 그 반면 계획적으로 돈을 지출하게 되면 남편의 수입이 보잘것없어도 가계를 잘 꾸려 나갈 수 있고 미래를 위해 저축까지 할 수 있다.

남편의 수입에 맞추어 생활하기 위해서는 예산 계획을 제대로 세우는 습관을 들여야 한다. 예산 계획을 세운다는 것은 무의미하게 숫자를 기록하는 것으로 끝나는 것이 아니라 돈을 어떻게 하면 더욱 효과적으로 쓸 수 있을까를 생각하는 설계도를 그리는 것이다.

예산 계획에 따른 생활을 하게 되면 주택 구입, 자녀 교육, 노후 대책, 보험 가입 등의 목표를 달성하는 데 큰 도움이 된다. 또 가장 중요한 것을 손에 넣기 위해 어떤 부분을 절약해야 하는지 알 수 있다.

예산을 짤 때 되는대로 계획을 세워서는 안 된다. 절약을 하는 데만 지나치게 치중하거나 실현 불가능한 계획을 세우게 되면 중도에 그만두게 된다. 따라서 예산을 짤 때는 가계를 꾸리는 데 지장이 없도록 만들어야 한다.

다음에 열거하는 사항들은 예산을 세울 때 참고가 될 만한 것들이다.

1) 모든 지출을 기록한다.

어디가 어떻게 잘못되었는지를 알지 못하고서는 문제를 개선할 수 없듯 어디서 낭비가 생기는지 알아야 절약할 수 있는 방법을 찾을 수 있다. 아무리 절약을 한다고 해도 낭비가 생기는 원인을 모르면 효과를 얻을 수 없다.

낭비의 원인을 찾으려면 지출명세표를 작성해 보면 된다. 매일 지출명세표를 작성하고 그것을 한 달 혹은 일 년 단위로 결산해 보면 어디에 얼마만큼의 지출을 하고 있는지 한눈에 알 수 있다.

지출명세표를 작성한 결과 특정 부분에서 낭비하는 경향이 있다면 예산을 세울 때 그 부분을 유념한다. 그러면 실효를 거둘 수 있는 예산계획표를 짤 수 있다.

2) 자신의 사정에 맞게 예산을 세운다.

예산 계획에 따른 생활을 하는 목적은 절약에 있지만 가장 큰 의미는 돈을 계획적이고 효과적으로 잘 쓰려는 데 있다. 예산을 세울 때 가계를 꾸려 나가기 위한 최소한의 경비를 염두에 두지 않는다면 아무 쓸모가 없다. 반드시 의료비, 교육비, 교통비 등의 필요 경비를 계산에 넣어야 한다. 특히 집세라든가 부채를 청산하기 위해 들어가는 돈, 각종 공과금, 보험금 등 고정적으로 지출되는 항목은 따로 예산표를 만드는 것이 더욱 효과적이다.

따라서 자신의 사정에 맞게 예산을 세우되 가계를 꾸려 나가는 데 지장이 없어야 한다. 현재의 사정을 고려하지 않은 예산 계획은 한낱 종이에 불과하다.

3) 적어도 수입의 10퍼센트를 저축한다.

매달 적어도 수입의 10퍼센트 정도는 저축이나 투자를 위하여 남겨둘 필요가 있다. 살다 보면 집을 구입하거나 차를 구입하는 등 목돈이 필요할 때가 있기 때문이다. 지금은 힘들겠지만 매달 남편 수입의 10퍼센트를 적립해 나간다면 미래에는 지금보다 편안한 생활을 할 수 있을 것이다.

4) 갑작스러운 지출에 대비한다.

큰 목돈이 필요하지는 않지만 갑작스럽게 큰돈이 필요할 때가 있다. 이때를 대비하여 적어도 한 달 내지 석 달분의 수입을 예금해 둬야 한다. 그렇다고 해서 무리를 하면서 저축을 하라는 의미는 아니다. 적은 돈이라도 꾸준히 저축을 한다면 큰돈을 만들 수 있다. 이 점을 계산에 넣는다면 더욱 효과적인 예산 계획표를 짤 수 있다.

5) 모든 가족이 협력하여 예산을 짠다.

예산은 가족 모두의 협력이 필요한 사항이다. 돈 관리를 아내가 한다고 독단적으로 예산 계획을 세우게 되면 문제가 발생하게 된다. 왜냐하면 가족 구성원마다 필요한 돈의 액수가 다르기 때문이다. 물론 모든 가족의 요구를 다 들어줄 수는 없지만 가정의 화합과 협조를 도모하기 위해서 가족이 함께 예산을 짜야 할 필요성이 있다.

쥬드슨 한데스와 마리 란데스는 ≪행복한 결혼≫이란 저서에서 가계를 어떻게 꾸려 나갈지에 대한 문제를 부부가 머리를 맞대고 상의해야 할 중요한 문제라고 지적했다. 돈이 모든 문제를 해결해 주는 것은 아니지만, 남편의 수입에 맞게 계획적으로 사용하면 평화롭고 행복한 가정을 꾸리는 데 큰 도움이 되기 때문이다.

'내 남편은 언제 옆집 아저씨처럼 두툼한 월급봉투를 받아 올까.'라는 막연한 생각으로 귀중한 시간을 낭비하는 어리석은 일은 하지 말라. 쓸데없이 남편이 지금보다 더 많은 돈을 벌어 오기를 바라기 보다는 현재 벌어 오는 수입을 어떻게 유용하게 사용할 것인지 연구하는 것이 더욱 현명한 일이다.

 석세스 테크닉 44

계획적으로 돈을 지출하게 되면 남편의 수입이 적더라도 가계를 잘 꾸려나갈 수 있고 미래를 위해 저축까지 할 수 있다.

남자의 건강을 지킬 수 있는
최소한의 규칙은 준수해 주세요.

남편의 건강은 아내에 의해서 좌우된다. 메트로폴리탄생명회사에 근무하는 루이스 다브링 박사의 말에 따르면, 젊어서 죽는 남성들은 대개 그들의 아내 때문에 죽는 셈이라고 한다. 그는 평소에 아내가 비만관리 등 남편을 보살피는 임무를 좀 더 충실하게 했다면 생명을 건질 수도 있었다고 강조했다.

만약 당신의 남편이 빨리 죽기를 바란다면 소화가 안 되고 칼로리가 높은 음식을 살이 찔 때까지 먹여라. 그러면 '나는 언제 혼자 될 수 있을까?' 하면서 간절히 바라지 않아도 조만간 현실로 이루어진다. 역설하면 아내가 어떻게 관리하느냐에 따라 남편을 건강하게 할 수도 그렇지 않게 만들 수도 있다는 것이다.

성공보다 중요한 것은 건강이다. 아무리 남편이 돈을 많이 벌고 높은 직위에 있다 해도 건강하지 못하면 아무 소용이 없다. 그러므로 남편과 가족들이 행복하기를 바란다면 남편의 건강은 내가 책임지겠다는 마음을 가져야 한다.

다음에 열거하는 규칙들은 남편을 건강하게 만드는 방법들이다. 최소한 이 규칙만이라도 잘 준수한다면 남편의 건강을 지킬 수 있다.

1) 남편의 체중에 신경을 써라.

비만은 모든 병의 근원이므로 남편이 건강하기를 바란다면 남편의 체중에 경계를 늦추어서는 안 된다. 만일 남편의 몸무게가 표준 체중표와 비교했을 때 10퍼센트 이상 초과를 한다면 즉시 전문의와 상담을 해야 한다. 의사의 지시 없이 다이어트에 좋다는 특효약이나 과대광고를 하는 약 등을 절대 사용해서는 안 된다.

다이어트 때문에 맛이 없는 음식을 강제로 권하는 것도 건강에 좋지 않다. 체중 감량에는 성공할 수 있을지 모르지만 자칫하면 건강을 해칠 수도 있기 때문이다. 따라서 맛도 있고 건강에도 좋은 음식을 연구하고 배워서 남편에게 제공하도록 노력해야 한다.

2) 정기적으로 건강검진을 받게 하라.

예방만큼 건강을 지키는 좋은 방법은 없다. 심장병, 암, 결핵, 당뇨병 등과 같은 위험한 질병도 조기에 발견하면 충분히 예방할 수 있다. 그러므로 자동차를 정기 점검하듯이 남편이 정기적으로 건강검진을 받도록 해야 한다.

3) 남편의 과로를 막아라.

야심이 많은 아내들은 성공을 위해 남편을 과로하게 만드는 경우가 많은데, 자신의 뜻대로 남편을 성공시킬 수는 있겠지만 남편의 건강을 해칠 수 있다. 또 심지어는 죽음에 이르게 할 수도 있다. 과로는 돌연사의 가장 큰 원인이기 때문이다. 따라서 남편이 성공에 대한 부담을 많이 느낀다면 그의 건강을 위해 자신의 야심을 단념할 수 있는 마음을 가져야 한다.

4) 남편이 충분한 휴식을 취할 수 있도록 하라.

피로를 푸는 비결은 심신이 지치기 전에 적당한 휴식을 취하는 것이다. 일하는 도중 잔간의 휴식은 놀랄 만한 효과를 낸다. ≪달과 6펜스≫로 유명한 몸(Maugham, William Somerset)은 70세가 넘어서도 왕성한 집필 활동을 했는데, 그의 비결은 매일 점심식사 후 취했던 15분간의 수면 때문이었다. 그러므로 남편이 왕성하게 활동하기를 바란다면 짧은 시간이라도 휴식을 취하도록 도와라.

5) 남편을 행복하게 만들어라.

스트레스만큼 건강에 해로운 것은 없다. 잔소리가 많고 불평만 하는 아내는 남편의 성공에 장애가 될 뿐만 아니라 건강을 해치는 주원인이 된다. 우리 몸은 긴장 상태가 오래 지속되면 이상을 일으키기 때문이다. 따라서 남편이 건강하기를 바란다면 그를 행복하게 만들어라.

석세스 테크닉 45

아무리 남편이 돈을 많이 벌고 높은 직위에 있다 해도 건강하지 못하면 아무 소용이 없다. 진정한 행복을 원한다면 남편의 건강을 책임지겠다는 마음을 가져라.

애정 표현에 인색하지 말고
아낌없이 사랑을 쏟으세요.

　　　　　누구에게도 사랑받지 못한다는 것만큼 불행한 일
은 없다. 범죄를 저지른 사람들을 보면 대개 부모들에게 충분
한 애정을 받지 못하고 자랐다.

　부모님의 관심을 받지 못하고 자란 한 소년이 범죄를 저지르
고 소년원에 들어왔다. 소년원 생활을 하면서 소년은 자신의
잘못을 깊이 반성하고 어머니에게 편지를 보냈다. 그런데 그의
어머니는 소년의 편지에 한 번도 답장을 하지 않았다. 소년은
실망을 했지만 포기하지 않고 어머니에게 계속 편지를 보냈다.

　그러던 어느 날 소년이 애타게 기다리던 어머니의 답장이 왔
다. 그런데 그 편지에는 따뜻한 위로의 말이 아니라 "무엇을
하든 너는 이미 틀렸다. 너에게 가장 어울리는 곳은 교도소이
다."라는 독설이 담겨 있었다. 결국 소년은 소년원을 나와서도

마음을 잡지 못하고 10년 이상을 교도소에 드나들었다.

애정에 굶주린 사람들은 배고픈 사람이 음식을 허겁지겁 먹어치우듯 애정의 빈자리를 무엇인가로 채우려 한다. 그것이 범죄 등으로 나타나는 것이다. 만약 그 소년의 부모가 따뜻한 애정으로 그를 용서하고 감싸 주었다면 그는 젊은 날을 교도소에서 보내지는 않았을 것이다.

애정은 정신의 성장을 돕는 최고의 영양분이다. 애정이 부족하면 마음이 비뚤어지고 빗나가게 된다. 부부 사이에서도 마찬가지이다.

남성 기혼자 1,500명을 대상으로 조사한 결과, 대부분의 남성들이 부부생활을 불행하게 하는 가장 큰 원인을 아내의 잔소리로 꼽았고, 뒤이어 애정 표현에 인색한 것을 들었다.

실제로 많은 아내들이 남편에게 애정 표현을 잘 못하고 있다. 남편이 실업자가 되거나, 병에 걸리거나, 죄를 지어 교도소에 가는 어려운 상황을 극복하는 강한 아내도 남편에 대한 애정 표현에는 서툴다. 사람은 애정을 받지 못하면 다른 것으로 채워 넣으려고 한다. 남편들이 자신에게 냉담한 아내보다 자신을 핸섬하고 훌륭하다고 말해 주는 여성에게 매력을 느끼는 것은 당연한 일이다. 애정이 필요한 것이 오로지 여성이라는 고정관념은 깨뜨려야 한다.

사람은 빵만으로 살아갈 수 없다. 때로는 설탕을 뿌린 과자도 먹고 싶은 것이다. 다시 말해 남성도 여성들처럼 설탕을 듬뿍 뿌린 과자, 즉 애정을 받고 싶어 한다. 부부문제를 다루는 한 전문 상담가는, "아내들이 냉담한 남편에 대해 자신에게 무관심하다느니, 조금도 칭찬을 해 주지 않는다느니, 애정 표현을 해 주지 않는다느니 하고 불평하는 것처럼 남성도 똑같이 애정 표현에 인색한 아내에게 불만을 품는다."고 말했다.

애정이 결여된 부부생활은 양념이 빠진 음식과 같다. 맛없는 음식이 외면을 받듯 부부간의 애정 표현이 부족하면 서로에게 소원해진다. 따라서 남편이 성공을 하고 결혼생활이 행복하기를 바란다면 남편에게 아낌없이 애정을 쏟아라. 애정은 원자력보다 강력한 힘을 발휘하며 때론 기적을 일으키기도 한다.

 석세스 테크닉 46

남성도 똑같이 애정 표현에 인색한 아내에게 불만을 품는다. 따라서 결혼생활이 행복하기를 바란다면 남편에게 아낌없이 애정 표현을 하라.

완벽한 남자, 완벽한 결혼을 기대하지 마세요.

무엇이든 완벽해야 만족을 하는 여성들이 있다. 이들은 아이들은 언제나 단정하고 깨끗한 모습이어야 하고, 식사는 항상 맛있어야 하며, 집 안은 흠잡을 데 없이 정리되어 있어야 안심을 한다.

나무만 보면 숲을 볼 수 없듯 지나치게 세심한 부분에 신경을 쓰다 보면 가장 중요한 것을 간과하게 된다. 소소한 일에 신경을 곤두세우고 잔소리를 하는 것보다 무엇이든 너그럽게 받아들이고 쓸데없는 일로 마음을 어지럽히지 않도록 하는 것이 오히려 부부 사이의 애정을 돈독하게 하는 좋은 방법이다.

완벽함을 추구하는 여성들은 남편이나 가족들이 자신이 원하는 대로 충실하게 따라주면 자신에게 큰 애정을 가지고 있다고 생각한다. 그 반면 그들이 자신의 요구를 들어주지 않으면 자기에 대한 애정을 의심한다.

완벽주의자인 한 여성은 남편이 모든 면에서 뛰어난 사람이기를 원했다. 다행히 성품이 착하고 그녀를 사랑하는 남편은 그녀의 무리한 요구를 다 들어주었다. 그런데 그가 요구를 들어줄수록 그녀는 더 많은 것을 기대했다. 그는 지치고 힘들었지만 아내를 사랑하기에 전력 질주를 했다. 그 결과 그는 사회에서 나름대로 성공을 거두었다.

그런데 그의 아내는 이에 만족하지 않았다. 자신이 원하는 목표에 도달하지 못했다며 오히려 그를 닦달했다. 그녀는 남편이 자신이 원하는 만큼 완벽하지 않다며 화를 냈다. 아내의 말이라면 무엇이든 들어주려고 노력하는 그였지만 완벽함을 요구하는 그녀의 장단을 도저히 맞춰 줄 수가 없었다. 그는 아내에게 자신의 괴로운 심정을 솔직하게 털어놓았다. 그러자 그의 아내는 자신의 요구조차 들어주지 못하는 무능력한 남편은 싫다며 그를 비난했다. 그녀에게 한없이 너그러운 그였지만 아내의 냉정한 반응에 깊은 상처를 받았고, 마침내 그녀와 헤어지기로 결심했다. 결국 그는 아내와 이혼을 했고, 지금은 자신의 부족한 면조차 자랑스럽게 여기는 여성과 결혼하여 행복하게 살고 있다. 전 부인은 이혼 후 남편이 자신을 얼마나 사랑했고 훌륭한 사람인지 깨달았지만 이미 엎지른 물이었다.

남편도 불완전한 한 인간이다. 세상 모든 사람들의 존경과 사랑을 받는 유명 인사들도 모두 결점을 가지고 있다. 그러니 남편에게 완벽함을 요구하지 말라. 남편에게 스트레스만 줄 뿐 성공에 전혀 도움이 되지 않는다.

남편을 성공으로 이끈 여성들은 완벽주의자들이 아니었다. 그들은 평범한 사람보다 어떤 면에서는 부주의하고 털털했으며, 자신이 완벽하지 못한 것처럼 남편 또한 불완전한 존재임을 인정했다. 남편의 결점을 너그럽게 받아들여라. 당신의 요구가 거세질수록 남편은 다른 길로 빗나갈 것이다.

완벽한 사람은 이 세상에 아무도 없다. 완벽한 아내도 없으며, 완벽한 남편 또는 완벽한 결혼도 없다. 무능한 남편, 무능한 사람이라고 평가하지 말고 좀 더 기다려 보라. 그렇게 조금씩 이해하다 보면, 어느 날 당신의 기대치를 훨씬 능가하는 남편의 모습을 새롭게 보게 될 것이다.

석세스 테크닉 47

소소한 일에 신경을 곤두세우고 잔소리를 하는 것보다 무엇이든 너그렇게 받아들이고 쓸데없는 일로 마음을 어지럽히지 않는 것이 부부 사이의 애정을 돈독하게 하는 좋은 방법이다.

과거에 집착하지 말고
현재 행동에 초점을 두도록 하세요.

현명한 아내들은 다른 사람들보다 관대한 마음을 가지고 있다. 그들은 마음 상하는 일이 생기더라도 상대방을 추궁하기보다는 그가 왜 그러한 행동을 했는지를 먼저 생각한다. 그런데 아무리 관대한 마음을 가진 아내라도 배려심을 발휘하지 못하는 문제가 있다. 그것이 바로 '남편의 과거'이다.

남이라면 상관이 없겠지만 자신이 사랑하는 남자의 과거에 대해 너그러운 여성은 찾아보기 힘들다. '과거는 과거일 뿐이야.'라고 이성적으로 받아들이는 사람도 마음속에 남아 있는 감정의 찌꺼기를 다 없앨 수는 없다. 그러나 남편의 행복을 바란다면 그의 과거에 대해 관대해져야 한다. 물론 쉽지는 않겠지만 남편의 과거를 들먹이며 잔소리를 해 봤자 부부에게 전혀 득이 될 게 없다. 다음에 소개하는 한 여성의 이야기는 남편의

과거에 대해 지나치게 신경을 쓰는 바람에 부부 사이가 소원해
진 대표적인 경우이다.

어느 날, 그녀의 남편이 저녁식사를 하면서 "오늘 우연히 옛
날 애인을 만났지 뭐야."라고 무심코 말을 했다. 그녀는 남편의
말에 신경이 쓰였지만 옛날 애인을 질투하는 것이 우습게 느껴
져 그냥 웃어넘겼다.

하지만 그녀는 남편과 갈등이 생길 때마다 "나와 결혼한 게
후회되면 옛날 애인을 다시 만나지 그래요?"라며 남편의 과거
에 대해 들먹였다. 남편은 화가 나면 자신의 과거를 들춰내는
아내에게 "이미 지나간 일로 괴롭히지 말라."고 부탁했다. 하
지만 그의 아내는 오히려 "마음이 괴로운 걸 보니, 왜 찔리는
게 있나 보죠?"라며 비꼬아서 대꾸했다.

결국 그녀의 태도에 지친 남편은 설득하는 것을 포기했고 아
내와의 대화를 회피했다. 그리고 결국에는 돌이킬 수 없을 만
큼 부부 사이가 소원해지고 말았다.

남편의 화를 돋우고 혈압을 높이고 싶다면, 데이트 시절부터
시작해서 임신 기간, 처가, 시댁에 대해 서운한 점들까지 조목
조목 열거하면 된다. 남편은 그런 반복적인 불평을 듣는 순간
심리적인 귀를 틀어막는다.

남편에게 잔소리를 하는 여성은 남편을 불행하게 하는 가장

큰 원인이다. 하물며 과거까지 들먹이며 잔소리를 하는 아내를
둔 남성은 오죽하겠는가. 물론 한 여성으로서 남편의 옛 애인
에 대해 질투를 느끼는 것은 당연한 일이다. 그러나 그로 인해
남편과의 관계가 소원해지는 것만큼 불행한 일은 없다. 남편의
과거를 관대하게 받아들인다면 마음이 괴로울 일도 없고 남편
에게 마음이 넓은 아내라는 인식을 심어 줄 수 있다.

과거에 집착하지 말고 현재 행동에 초점을 두고 남편의 행동
을 구체적으로 지적하며 시정을 요구해야 한다.

한 남성은 지금의 아내와 결혼하기 전에 아름다운 여성과 약
혼한 적이 있었는데, 그의 아내는 그녀에 대해 비난하기보다는
그녀가 얼마나 아름다운 여성이었는지 칭찬을 했다. 그럴 때마
다 그는 민망한 듯 웃으며 아내를 다정하게 바라보았다.

이 여성처럼 남편의 과거에 대해 관대해져라. 이 작은 배려
가 부부 사이의 애정을 더욱 돈독하게 하고 남편에게 현명한
아내라는 인상을 심어 줄 것이다.

 석세스 테크닉 48

남편의 행복을 바란다면 그의 과거에 대해 관대해져야 한다. 물론
쉽지는 않겠지만 남편의 과거를 들먹이며 잔소리를 해 봤자 부부에
게 전혀 득이 될 게 없다.

상대에게 사랑을 더 많이 받고 싶다면
작은 일에 감사하세요.

대부분의 여성들은 결혼을 하면 남편에게 받는 모든 배려나 친절을 당연한 것으로 생각하고 웬만한 일에는 고마운 마음을 갖지 않는다. 그러나 이러한 행동은 굴러 들어온 복을 제 발로 차는 어리석은 짓이다. 아내가 자신의 선물이나 배려에 대해 시큰둥하게 받아들이면, 남편은 그런 노력이 무의미하다고 느끼고 더 이상 아내를 즐겁게 하려고 노력하지 않기 때문이다.

가까이 있으면 그 고마움을 깨닫지 못한다는 말이 있듯, 여성들은 남편들이 아내를 위해 얼마나 많은 일을 하는지 잘 모른다. 아내들은 가끔 다음과 같은 일을 경험한다.

자신의 일 외에는 제대로 할 줄 아는 것이 없는, 아이의 기저귀를 갈아 줄 줄도 모르고 간단한 요리조차 할 줄 모르는 남편이라고 생각했는데, 막상 곁에 없고 보니 아내를 위해 무척 애를 썼다는 사실을 알게 되는 경우이다. 남편이 출장이나 여행 등으로 오랫동안 집을 비울 경우, 남편이 곁에 있을 때는 몰랐는데 막상 집에 없으니 해야 할 일이 산더미처럼 많아진다. 그제야 아내들은 남편이 묵묵히 도와준 일이 많다는 것을 알게 된다. 남편이 없는 동안 그 일을 대신 해야 되는 상황이 되었을 때야 비로소 그 사실을 깨닫는 것이다.

많은 여성들이 남편이 자신을 전혀 배려해 주지도 않고 아무것도 해 주지 않는다고 불평을 하는데, 깨닫지 못하고 있을 뿐 아내를 위해 남편들이 하는 일은 많다. 남편의 작은 배려나 서비스에 감사하는 습관을 들인다면 남편들이 아내를 위해 얼마나 많은 일을 하는지 절실히 알게 될 것이다.

남편은 결혼 전이나 지금이나 당신의 칭찬에 큰 기쁨을 느낀다. 남편의 관심과 애정을 더 많이 받고 싶다면 남편의 작은 배려나 애정에 감사하라. 당신이 작은 일에도 기뻐하는 모습은 남편을 행복하게 할 뿐만 아니라 더 큰 기쁨으로 돌아온다.

 석세스 테크닉 49

남편의 관심과 애정을 받고 싶다면 남편의 작은 배려나 애정에 감사하라. 당신의 그런 모습에 남편은 더 큰 사랑을 느끼게 된다.

나의 즐거움을 위해 시간을 내달라고
떼를 쓰지 마세요.

길거리에서 종종 아이들이 부모에게 장난감이나 과자 등을 사 달라고 떼를 쓰는 광경을 목격하게 된다. 그런데 기혼 여성 중에도 아이처럼 남편에게 떼를 쓰는 아내들이 많다. 그들은 남편이 눈코 뜰 새 없이 바쁜데도 자신의 요구를 들어달라며 막무가내로 행동한다. 이런 여성이 있었다.

그녀는 지친 몸을 이끌고 집에 들어와 쉬려는 남편에게 끊임없이 수다를 떨었으며 매주 영화나 연극을 보러 가자고 졸랐다. 남편은 종일 집에서 시간을 보내는 그녀의 심정을 이해 못하는 것은 아니었지만, 요구를 들어줄 수 없는 상황에서 떼를 쓰는 아내의 태도는 참으로 못마땅했다.

집필가의 남편을 둔 한 여성의 경우도 그랬다. 신혼 초, 그녀는 최초로 일주일 동안 미국 오클라호마로 여행을 떠난 적이 있었다. 그 여행은 그곳으로 강연을 하러 가는 남편을 졸라 이루어진 것이었다.

그녀는 여행을 떠나기 전, 로맨틱한 분위기에서 남편과 오붓한 시간을 보내는 멋진 여행을 상상했다. 그런데 오클라호마에 도착하자마자 남편은 강연을 위해 초고를 만들고 준비를 하느라 정신이 없었다. 그녀는 하루 종일 쓸쓸히 호텔 방을 지켜야 했다. 남편이 너무 바빠 그를 만나려면 미리 약속 시간을 정해야 했다. 그녀는 남편과의 첫 여행이 엉망이 되어 버린 것에 대해 기분이 상하고 말았다.

결혼은 소꿉장난이 아니다. 남편에게 자신과 함께 시간을 보내달라고 떼를 쓰는 것은 남편의 성공을 위해서나 행복한 가정을 위해서나 득이 될 게 없는 행동이다. 따라서 남편에게 아이처럼 떼를 쓰지 말라.

아내의 잠깐 동안의 즐거움을 위해 일을 포기하는 남편은 이 세상 어디에도 없다는 사실을 명심하라.

내조를 잘 하는 아내가 되려면 남편의 상황에 따라 자신의 요구를 맞출 줄 알아야 한다. 예를 들어 남편이 자신과 함께하게 영화를 볼 수 없을 만큼 바쁘다면 그 욕구를 스스로 참아낼 줄 알아야 한다.

여성들은 남편이 자신을 위해 희생을 하고 있는 아내의 수고

를 눈치 채지 못할 것이라고 생각하지만 그렇지 않다. 남편들
은 아내가 자신을 위해 얼마나 많은 애정을 베풀고 있는지 잘
알고 있다.

　잠깐 동안이라도 자신의 즐거움을 위하여 남편의 일을 방해
하는 아내는 남편을 결코 성공시킬 수 없다. 남편을 위해 자신
의 욕구를 참아내는 아내만이 남편을 성공시키고 가정을 행복
하게 할 수 있다.

석세스 테크닉 50

자신의 요구를 들어줄 수 없는 상황에 처한 남편에게 무조건 떼를
써서는 안 된다. 내조를 잘 하는 아내가 되려면 남편의 상황에 따
라 자신의 요구도 맞춰야 한다.

자식의 교육은
공동의 책임임을 명심하세요.

       부모에게 자식 교육은 가장 중요한 문제 중 하나이다. 돈이 많고 사회적으로 명성이 높아도 자식 교육을 망치면 아무 소용이 없다. 그런데 사회적인 성공을 꿈꾸는 부부들이 많이 저지르는 실수 중 하나가 자식 교육을 소홀히 하는 것이다. 그들은 자신의 꿈을 달성하는 데만 집중한 나머지 아이에 대해 거의 신경을 쓰지 않는다. 애정을 받지 못하고 자란 아이는 비뚤어지고 빗나가기 마련이다. 이것을 조기에 잡지 못하면 돌이킬 수 없는 불행을 초래하게 된다.

    남편들은 대개 아이가 비행을 저지르거나 버릇없이 굴면 "집에서 자식 교육 하나 제대로 못 시켜!"라며 아내에게 모든 책임을 떠넘긴다. 그러나 자식 교육은 어느 한쪽의 책임이 아니라 부부가 함께 풀어야 할 문제이다.

아이들이 대개 비뚤어지는 원인은 어머니보다는 아버지에게 있다. 보편적으로 아이에 대해 관대한 편인 어머니와 달리 엄격한 아버지는 아이의 마음에 깊은 상처를 준다. 물론 자녀를 교육하는 방식은 저마다 다르기 때문에 어떤 것이 옳다고 단언할 수는 없지만, 지나치게 엄격한 교육은 아이에게 그다지 도움이 되지 않는다.

한 아버지가 있었다. 그에게는 여덟 살 된 아들이 있었는데 그는 아들을 엄하게 키웠다. 가령 출근할 때 자신에게 손을 흔들며 구부정하게 인사하는 아이에게 "가슴을 펴라!"고 야단을 쳤고, 땅바닥에 무릎을 꿇고 공기놀이를 하는 아들을 친구들 앞에서 망신을 주었다. 또한 무엇인가 말을 하려고 망설이는 아들을 차갑게 대했으며, 음식을 흘리거나 식탁 위에 팔꿈치를 얹고 턱을 고이는 등의 행동을 할 때마다 심하게 야단쳤다.

매일 꾸중만 듣던 아이는 점점 말수가 적어지고 어떤 일을 하든지 아버지의 눈치를 보기 시작했다. 또 아버지가 말을 걸면 소스라치게 놀라고 말을 더듬었다. 아이에게 심각한 문제가 있다는 사실을 뒤늦게 깨달은 아버지는 아이의 증세를 고치려고 했지만 이미 때는 늦고 말았다.

위의 사례는 극단적인 경우이지만, 지나치게 엄격하게 대해 자식의 마음에 상처를 주고 주눅 들게 하는 아버지들은 의외로 많다. 물론 엄격한 교육이 그르다는 것은 아니다. 다만 아이는 아이일 뿐이라는 사실을 잊어서는 안 된다. 아이를 엄격하게 대하는 아버지들은 아이가 아직 어리다는 사실을 망각한다. 그들은 다른 아이들은 어리다고 생각하면서 자기 자식은 어리다고 여기지 않는다. 그래서 마뜩찮은 행동을 하는 자식을 보면 참지를 못하고 꾸중부터 하게 되는 것이다. 아이는 아이일 뿐이다. 어린 자식에게 자기 구실을 다해야 하는 어른처럼 되라고 요구하는 것은 지나친 강요이다. 아버지의 지나친 주문은 아이를 망치는 지름길이다.

아이에게 지나치게 관대한 편인 어머니도 마찬가지이다. 무엇이든 아이의 요구를 들어주고 무조건 감싸는 태도는 아이에게 전혀 도움이 되지 않는다. 따라서 아이가 혼란을 느끼지 않도록 부부가 협력하여 아이 교육을 해야 한다. 누구의 교육 방식이 옳으니 그르니 다투게 되면 부부 사이도 소원해질 뿐만 아니라 아이에게도 부정적인 영향을 미친다. 자식 교육은 공동의 책임이다. 이 점을 명심하고 부부가 함께 노력하라.

 석세스 테크닉 51

자식 교육은 어느 한쪽의 책임이 아니라 부부가 함께 풀어야 할 문제이다.

상대의 장점을 받아들이는 순간
얼마나 행복한지 깨닫게 됩니다.

　　　　　　　행복한 결혼생활을 위해서는 아내뿐 아니라 남편
의 역할도 중요하다. '남편은 아내 하기 나름'이라는 말이 있듯
아내도 남편 하기에 따라 달라진다.

　아내를 함부로 무시하는 남편들이 있다. 그들은 아내를 무조
건 한 단계 낮춰서 본다. 다른 사람들이 아내에 대해 칭찬이라
도 하면 그 남편들은 "설마, 아내가요?"라며 평판을 깎아 내린
다. 이는 팔불출이라는 말을 듣지 않을까 하는 염려 때문이기
도 하지만, 대개는 아내의 장점을 인정하지 않으려는 마음에서
비롯된다.

　현명하지 못한 남편은 아내의 장점을 하찮게 보는 반면 현명
한 남편은 아내의 장점을 인정하고 키워 주려고 노력한다. 그
들은 자신처럼 아내 역시 자기의 장점을 인정받는 것을 기쁘게

생각한다는 것을 잘 알고 있다.

　지나치게 아내의 장점에 대해 떠들어 대는 남편은 꼴불견이지만, 적당히 아내의 장점을 드러내는 남편은 좋은 인상을 준다. 그리고 아내에게도 큰 점수를 딸 수 있다.

　남편이 아내의 장점을 인정하고 키우는 일은 부부생활을 행복하게 하는 좋은 방법 중 하나이다. 다음에 소개하는 부자 미망인과 결혼한 한 남성의 이야기는 아내의 장점을 인정하는 일이 부부관계를 원만하게 하는 데 얼마나 큰 영향을 미치는지 잘 보여 준다.

　결혼할 당시 서른다섯 살이었던 그 남성은 무려 열 살이나 연상인 미망인과 결혼을 했다. 물론 열정적으로 그녀를 사랑해서 결혼을 결심한 것은 아니었다. 미망인 역시 그가 자신의 재산을 보고 청혼했을 것이라는 사실을 잘 알고 있었다. 그녀는 그에게 조건을 하나 걸었다. 그의 성격을 제대로 알려면 최소한 일 년의 기간이 필요하므로 그때까지 결혼을 미루자는 것이었다. 그는 그녀의 말에 동의했으며, 일 년이 흐른 후 결혼 승낙을 받을 수 있었다.

　사람들은 타산적인 그들의 결혼이 결코 오래가지 못할 것이라고 예상했다. 그러나 그들은 어떤 부부보다 행복한 결혼생활을 했다. 그들이 타산적인 결혼을 했음에도 행복하게 살 수 있었던 것은, 아내의 장점을 인정하고 키우기 위해 노력한 남편 때문이었다.

그와 결혼한 미망인은 젊지도 않고, 뛰어난 미인도 아니었으며, 그렇다고 머리가 좋은 편도 아니었다. 문학이나 역사에 관한 지식도 없었고 걸핏하면 실수를 저지르곤 했다. 뿐만 아니라 옷차림이나 인테리어 등에 대한 취향도 고상하지 않았다. 그러나 그녀는 그의 말을 절대 신뢰했으며, 그의 말을 진지하게 잘 들어주었다. 한마디로 그녀에게는 상대방의 마음을 편안하게 하는 재능이 있었다. 그녀가 만들어 내는 편안한 분위기는 그를 더 없이 행복하게 했다.

그는 그녀가 사람들 앞에서 실수를 해도 결코 그녀를 책망하거나 꾸짖지 않았다. 또 누군가가 그녀의 무지함이나 외모에 대해 조롱하거나 멸시하면 그녀를 감싸 주었다. 그녀는 그에게 완벽한 아내는 아니었지만 좋은 협력자이자 친구였다. 다른 사람들이 어떻게 생각하든 그는 부족하지만 자신을 편안하고 행복하게 만드는 그녀를 사랑했다.

만일 그가 아내의 장점을 인정하지 않고 하찮게 생각했다면 어떻게 됐을까? 그는 평생 부족한 아내를 부끄러워하면서 불행하게 살았을 것이다. 또 어쩌면 아내와 오래 살지 못하고 이혼을 했을지도 모른다.

행복한 결혼생활을 꿈꾼다면 아내의 장점을 인정하라. 아내의 장점을 받아들이는 순간 자신이 얼마나 행복한 남자인지 깨닫게 될 것이다.

석세스 테크닉 52

현명하지 못한 남편은 아내의 장점을 하찮게 보는 반면, 현명한 남편은 아내의 장점을 인정하고 키워 주기 위해 노력한다.

아내에 대한 칭찬과 애정이 진실이면
남편의 행복은 보장됩니다.

남편들은 아내에 대한 칭찬에 인색하다. 다른 사람들에게는 찬사를 아끼지 않으면서도 자신을 위해 어떤 희생도 마다하지 않는 아내에 대해서는 칭찬을 잘 하지 않는다. 칭찬은 범고래도 춤추게 할 정도로 상대방을 행복하게 한다. 만약 아내를 행복하게 하고 싶다면 사소한 것이라도 칭찬을 하라. 그러면 아내로부터 그 몇 배의 칭찬을 들을 수 있다.

여성들은 옷차림에 대하여 놀랄 만큼 관심이 많다. 그 반면 남성들은 지나치게 무관심하다. 예를 들어 한 쌍의 남녀가 길거리에서 다른 한 쌍의 남녀를 만났다고 하자. 여자는 보통 상대방의 남자보다는 여자의 옷차림을 눈여겨본다. 여성은 100세 할머니가 되어도 30년 전의 자기 옷차림에 대해 궁금해 한다. 반면 남성들은 5년 전에 자기가 어떤 옷을 입었는지 기억하지도 못할 뿐 아니라 궁금해 하지도 않는다. 이처럼 옷에 지대한 관심을 가지고 있는 여성의 특성을 이해하고 아내의 옷차림에 대해 칭찬을 한다면, 아내는 남편에게 더 큰 애정을 가질 것이다. 프랑스 상류사회에서 어릴 때부터 남자아이에게 여자의 옷차림에 대해 칭찬하도록 가르치는 것은 현명한 교육방법이다. 옷차림 외에도 아내가 만든 요리를 칭찬하는 것도 효과적인 방법이다. 많은 남편들은 아내가 조금만 맛이 떨어지게 음식을 만들어도 불평을 터뜨린다. "결혼생활 10년째인데 음식 맛이 이게 뭐야?"라며 이제까지 그녀가 만든 음식은 모두 형편없었다는 식으로 비난을 한다. 하지만 남편의 매너 없는 음식 투정만큼 아내의 기분을 상하게 하는 일도 없다. 그만큼 아내들은 남편이나 가족을 위해 음식을 만드는 것을 기쁘게 생각하며 중요한 임무라고 여긴다. 따라서 아내를 정말로 행복하게 해주고 싶다면 그녀가 만든 음식에 대해 칭찬을 아끼지 말라. 자신이 만든 음식을 남편이 맛있게 먹고 있다는 사실을 아는 순간, 아내는 큰 행복을 느낀다.

미국 연예인들에게는 결혼이 미치 도박과 같다. 실제로 미국의 연예인 중에 오랫동안 정상적인 결혼생활을 유지하는 커플을 찾기 힘들다. 그런데 워너 박스터의 결혼은 성공적이었다. 배우였던 그의 아내는 그와 결혼을 하면서 화려한 무대를 떠나는 희생을 감수했다. 그리고 그녀는 그 점에 대해 한 번도 후회하지 않았다. 무대에서 갈채를 받을 기회는 잃었지만 남편으로부터 평생 동안 아낌없는 칭찬과 사랑을 받았기 때문이다.

아내를 자신의 뜻대로 움직이게 만들려면 강압적인 태도를 취하기보다는 부드러운 태도로 대하는 것이 훨씬 효과적이다.

헌옷이라도 잘 어울린다고 칭찬을 하면 아내는 정말 그렇게 믿으며, 맛없는 음식이라도 정말 맛있다고 말해 주면 자신을 최고의 요리사라고 생각한다. 또한 아내가 자신에 대해 멋있다고 느끼면 남편에 대해서도 멋있다고 느낄 가능성이 크다. 따라서 칭찬을 받아 마땅한 일이라면 망설이지 말고 아내를 아낌없이 칭찬하라. 아이들 앞에서도 아내를 칭찬하고 아내를 얼마나 훌륭하게 여기는지 다른 사람들에게 이야기하라. 그러면 그 칭찬은 몇 배가 되어 자신에게 다시 돌아올 것이다. 아내에 대한 칭찬과 애정이 진실한 것이라면 남편의 행복은 보장된 것이나 마찬가지다.

 석세스 테크닉 53

아내를 아낌없이 칭찬하라. 아내에 대한 칭찬과 애정이 진실한 것이라면 남편의 행복은 보장된 것이다.

행복은 작은 성의들이 쌓여
얻어집니다.

남성들은 아내를 행복하게 하려면 값비싼 보석을
선물하는 것과 같은 큰 성의를 보여야 한다고 생각한다. 물론
아내들은 자신을 위해 최선을 다하는 남편에게 큰 감동을 받는
다. 그러나 아내는 남편의 큰 성의보다는 지극히 사소한 배려
와 애정에 큰 행복을 느낀다.

4만 건의 이혼소송을 취급하고 그 중 2천 쌍의 조정에 성공
한 조지프 서버스 판사는 가정불화의 원인은 대부분 극히 사소
한 일에서 비롯된다고 말했다. 그는 출근하는 남편을 다정하게
배웅하거나 아내의 옷차림에 대해 칭찬만 해도 이혼을 피할 수
있는 경우가 많다고 얘기했다. 역설하면 행복한 결혼생활은 작
은 성의가 쌓여 얻어진다는 것이다.

여성들은 기념일을 아주 중요하게 생각한다. 보통 남자들은

어떻게 그 많은 날짜를 기억하고 있느냐고 불평을 하는데, 모든 기념일을 기억할 필요는 없다. 아내의 생일, 결혼기념일만 기억하면 된다. 그 외의 다른 기념일은 잊어버려도 아내를 그리 실망시키지 않는다.

남편들은 무슨 기념일이 되면 아내에게 어떤 선물을 할지 많은 고민을 한다. 그들은 값싸고 작은 선물로는 아내를 제대로 감동시킬 수 없다고 생각한다. 그런데 정작 아내들은 장미꽃 한 송이에도 큰 행복을 느낀다. 굳이 특별한 기념일이 아니더라도 아내에게 가끔씩 꽃을 선물하는 것은 부부관계를 돈독히 하는 좋은 방법이다.

세상에는 아내에게 작은 성의를 보이는 것이 결혼생활에서 얼마나 중요한 가치를 지니는지 모르는 남자들이 너무나 많다. 결혼생활 내내 남편에게 작은 선물조차 받아 보지 못했다는 사실에 대해 매우 괴로워하는 아내들이 적지 않다는 것을 아는 남편이 과연 얼마나 될까.

한 중년 부부가 있었는데, 20년 동안 행복한 결혼생활을 유지할 만큼 부부 금실이 좋은 편이었다. 그런데 남편은 매우 고지식한 사람으로 아내에 대한 애정 표현에 서툴렀다. 아내는 남편의 성품을 잘 알면서도 그런 남편의 모습을 못내 아쉬워했다. 때론 남편이 자신을 정말 사랑하는지 의심까지 했다. 남편이 자신을 진심으로 사랑하고 있다는 것을 누구보다 잘 알면서도 말이다.

결혼의 행복은 작은 성의가 쌓여 얻어지는 것이라는 진리를 모르는 부부는 불행한 결혼생활을 할 수밖에 없다. 그러므로 행복한 결혼생활을 하기 바란다면 서로에게 작은 성의를 보여라. 부부가 파경을 맞게 되는 가장 큰 원인은 상대에 대한 애정 표현이 지나치게 인색하다는 데에 있다.

 석세스 테크닉 54

행복한 결혼생활은 작은 성의가 쌓여 얻어진다.

여자에게 남자의 성공을 말하다

최보경 지음

1판 1쇄 인쇄 2016년 5월 10일
1판 1쇄 발행 2016년 5월 13일

발행인 이태선
발행처 창작시대사

서울특별시 마포구 성미산로 188 (연남동)
전화 02-325-5355
팩스 02-325-5385
이메일 changzak@naver.com

등록일자 1991년 4월 9일
등록번호 제2-1150호

ISBN 978-89-7447-202-3